# 고려대
# 한국어

고려대학교 한국어센터 편

1A

中文版

KU PRESS
고려대학교출판문화원

고려대학교 한국어센터는 1986년 설립된 이래 한국어와 한국 문화를 재미있게 배우고 효과적으로 가르치는 방법을 연구해 왔습니다. 《고려대 한국어》와 《고려대 재미있는 한국어》는 한국어센터에서 내놓는 세 번째 교재로 그동안 쌓아 온 연구 및 교수 학습의 성과를 바탕으로 하고 있습니다.

이 책의 가장 큰 특징은 한국어를 처음 접하는 학습자도 쉽게 배워서 바로 사용할 수 있도록 구성했다는 점입니다. 한국어 환경에서 자주 쓰이는 항목을 최우선하여 선정하고 이 항목을 학습자가 교실 밖에서 사용할 수 있도록 연습 기회를 충분히 그리고 다양하게 제공하고 있습니다.

이 책을 내기까지 많은 분들의 도움을 받았습니다. 먼저 지금까지 고려대학교 한국어센터에서 한국어를 공부한 학습자들께 감사드립니다. 쉽고 재미있는 한국어 교수 학습에 대한 학습자들의 다양한 요구가 없었다면 이 책은 나오지 못했을 것입니다. 그리고 한국어 학습자들의 요구에 부응하기 위해 열정적으로 교육과 연구에 헌신하고 계신 고려대학교 한국어센터의 선생님들께도 감사드립니다.

무엇보다 한국어 학습자와 한국어 교원의 요구 그리고 한국어 교수 학습 환경을 종합적으로 고려한 최상의 한국어 교재를 위해 밤낮으로 고민하고 집필에 매진하신 고려대학교 국어국문학과 김정숙 교수님을 비롯한 저자분들께 깊은 감사를 드립니다. 이 밖에도 이 책이 보다 멋진 모습을 갖출 수 있도록 도와주신 고려대학교 출판문화원의 윤인진 원장님과 직원 여러분께도 감사드립니다. 그리고 집필진과 출판문화원의 요구를 수용하여 이 교재에 맵시를 입히고 멋을 더해 주신 랭기지플러스의 편집 및 디자인 전문가, 삽화가의 노고에도 깊은 경의를 표합니다.

부디 이 책이 쉽고 재미있게 한국어를 배우고자 하는 한국어 학습자와 효과적으로 한국어를 가르치고자 하는 한국어 교원 모두에게 도움이 되기를 바랍니다. 또한 앞으로 한국어 교육의 내용과 방향을 선도하는 역할도 아울러 할 수 있게 되기를 희망합니다.

2019년 7월
국제어학원장 박성철

《고려대 한국어》와 《고려대 재미있는 한국어》는 '형태를 고려한 과제 중심 접근 방법'에 따라 개발된 교재입니다. 《고려대 한국어》는 언어 항목, 언어 기능, 문화 등이 통합된 교재이고, 《고려대 재미있는 한국어》는 말하기, 듣기, 읽기, 쓰기로 분리된 기능 교재입니다.

《고려대 한국어》 1A와 1B가 100시간 분량, 《고려대 재미있는 한국어》 말하기, 듣기, 읽기, 쓰기가 100시간 분량의 교육 내용을 담고 있습니다. 200시간의 정규 교육 과정에서는 여섯 권의 책을 모두 사용하고, 100시간 정도의 단기 교육 과정이나 해외 대학 등의 한국어 강의에서는 강의의 목적이나 학습자의 요구에 맞는 교재를 선택하여 사용할 수 있습니다.

### 《고려대 한국어》의 특징

▶ **한국어를 처음 배우는 학습자도 쉽게 배울 수 있습니다.**
- 한국어 표준 교육 과정에 맞춰 성취 수준을 낮췄습니다. 핵심 표현을 정확하고 유창하게 사용하는 것이 목표입니다.
- 제시되는 언어 표현을 통제하여 과도한 입력의 부담 없이 주제와 의사소통 기능에 충실할 수 있습니다.
- 알기 쉽게 제시하고 충분히 연습하는 단계를 마련하여 학습한 내용의 이해에 그치지 않고 바로 사용할 수 있습니다.

▶ **학습자의 동기를 이끄는 즐겁고 재미있는 교재입니다.**
- 한국어 학습자가 가장 많이 접하고 흥미로워하는 주제와 의사소통 기능을 다룹니다.
- 한국어 학습자의 특성과 요구를 반영하여 명확한 제시와 다양한 연습 방법을 마련했습니다.
- 한국인의 언어생활, 언어 사용 환경의 변화를 발 빠르게 반영했습니다.
- 친근하고 생동감 있는 삽화와 입체적이고 감각적인 디자인으로 학습의 재미를 더합니다.

▶ **한국어 학습에 최적화된 교수 학습 과정을 구현합니다.**

• 학습자가 자주 접하는 의사소통 과제를 선정했습니다. 과제 수행에 필요한 언어 항목을 학습한 후 과제 활동을 하도록 구성했습니다.

• 언어 항목으로 어휘, 문법과 함께 담화 표현을 새로 추가했습니다. 담화 표현은 고정적이고 정형화된 의사소통 표현을 말합니다. 덩어리로 제시하여 바로 사용하게 했습니다.

• 도입 – 제시·설명 – 형태적 연습 활동 – 유의적 연습 활동의 단계로 절차화했습니다.

• 획일적이고 일관된 방식을 탈피하여 언어 항목의 중요도와 난이도에 맞춰 제시하는 절차와 분량에 차이를 두었습니다.

• 발음과 문화 항목은 특정 단원의 의사소통 과제와 긴밀하게 연결되지는 않으나 해당 등급에서 반드시 다루어야 할 항목을 선정하여 단원 후반부에 배치했습니다.

## 《고려대 한국어》의 구성

▶ **1A와 1B는 각각 5단원으로 한 단원은 10시간 정도가 소요됩니다.**

▶ **한 단원의 구성은 아래와 같습니다.**

| 도입 | 배워요 | | | 한 번 더 연습해요 | 이제 해 봐요 | | | | 자기 평가 |
|---|---|---|---|---|---|---|---|---|---|
| 생각해 봐요 학습 목표 | 어휘 | 문법 | 담화 표현 | | 말해요 | 들어요 | 읽어요 | 써요 | 발음/문화 |

▶ **교재의 앞부분에는 '이 책의 특징'과 '단원 구성 표', '한글'을 배치했고, 교재의 뒷부분에는 '정답'과 '듣기 지문', '어휘 찾아보기', '문법 찾아보기'를 부록으로 넣었습니다.**

• 부록의 어휘는 단원별 어휘 모음과 모든 어휘를 가나다순으로 정렬한 두 가지 방식으로 제시했습니다.

• 부록의 문법은 문법의 의미와 화용적 특징, 형태 정보를 정리했고 문법의 쓰임을 확인할 수 있는 전형적인 예문을 넣었습니다. 학습자의 모어 번역도 들어가 있습니다.

▶ **모든 듣기는 MP3 파일 형태로 내려받아 들을 수 있습니다.**

## 《고려대 한국어 1A》의 목표

한글을 익히고 일상생활에서의 간단한 의사소통을 할 수 있습니다. 인사, 일상생활, 물건 사기 등에 대해 이야기할 수 있습니다. 한국어의 기본 문장을 이해하고 사용할 수 있습니다.

《高丽大学韩国语》和《高丽大学有趣的韩国语》是遵循"任务聚焦并考虑形式的方法"而开发的教材。《高丽大学韩国语》是涵盖了语言项目、语言技能和文化的综合教材，《高丽大学有趣的韩国语》是听、说、读、写相区分的技能教材。

《高丽大学韩国语》1A和1B包含100小时的教育内容，《高丽大学有趣的韩国语》包含听、说、读、写在内的100小时教育内容。在200小时的常规课程体系中六本书全部使用，在100小时左右的短期教育课程或海外大学的韩国语课程中，可选择符合授课目的或学习者要求的教材使用。

### 《高丽大学韩国语》的特点

▶ **初学韩国语的学习者也可轻松学习。**

·配合韩国语标准教育课程，降低了难度水平。将准确、流畅地使用核心表达方式作为目标。

·通过控制所呈现的语言表达方式，减少过度灌输的负担，从而集中于主题和沟通技巧。

·以清晰易懂的方式呈现，并通过充分的练习，避免学生只停留在理解阶段，使他们可以快速地学以致用。

▶ **实现韩语学习最佳教学成果的课程。**

·涉及韩语学习者最熟悉和最感兴趣的主题及沟通技巧。

·反映韩语学习者的特点与需求，在教材中做出明确的介绍，并呈现多样的练习方法。

·及时反映了韩国人的语言生活和韩语语言环境的变化。

·贴切生动的插画和富有立体感，品味出众的设计，增添了学习的乐趣。

▶ **实现韩语学习最佳教学成果的课程。**

· 教材选用了学习者经常遇到的语言交际。在学习完实际语言交际所需的语言项目后，即可进行该课题活动。

· 语言项目中除了词汇，语法，还加入了语篇表达。语篇表达指的是一种固定的，定型化的沟通表达方式。通常以整体形式出现，可以直接套用。

· 按"引入-呈现·说明-形态上的练习活动-注意性练习活动"的步骤实现程序化。

· 避免了统一化和千篇一律的方式，按照语言项目的重要度和难易度，在呈现的步骤和分量上做出了调整。

· 发音与文化项目没有与特定单元的沟通课题紧密关联，但选定了在该等级必须学习的项目，安排在每个单元的后半部分。

### 《高丽大学韩国语》的构成

▶ **1A和1B各5个单元，每个单元需学习10小时左右。**

▶ **每个单元的构成如下。**

| 引入 | 学一学 | | | 再练习一遍 | 现在试一试 | | | | 自我评价 |
|---|---|---|---|---|---|---|---|---|---|
| 想一想 学习目标 | 词汇 | 语法 | 语篇表达 | | 口语 | 听力 | 阅读 | 写作 | 发音/文化 |

▶ **教材的前面加入"本书的特征"、"教学大纲"、"韩文"等内容，教材的后面则以附录形式收录了"标准答案"、"听力原文"、"词汇索引"、"语法索引"。**

· 附录中的词汇分别以单元词汇汇总和将所有词汇按照字母顺序排列两种方式呈现。

· 附录中的语法分别对语法的含义，语用特征和形态信息进行了整理，列举出确认该语法使用方法的典型例句。同时，还添加了学习者的母语翻译。

▶ **所有听力内容均可以MP3文件格式下载，供学习者进行听力练习。**

### 《高丽大学韩国语1A》的目标

熟悉韩文字，能在日常生活中进行简单的沟通。能对打招呼、日常生活、买东西等进行对话。能够理解并使用韩国语的基本句型。

등장인물이 나오는 장면을 보면서 단원의 주제, 의사소통 기능 등을 확인합니다.
看出场人物出现的场景，确认本单元主题、语言交际技能等内容。

**어휘의 도입** 引入词汇 ◄

• 목표 어휘가 사용되는 의사소통 상황입니다.
  使用目标词汇的语言交际情境。

**어휘의 제시** 词汇的呈现 ◄

• 어휘 목록입니다. 맥락 속에서 어휘를 배웁니다.
  词汇目录。在上下文中学习词汇。

• 그림, 어휘 사용 예문을 보며 어휘의 의미와 쓰임을 확인합니다.
  通过查看图片和使用词汇的例句，确认词汇的含义和用法。

단원의 제목 单元的题目

생각해 봐요 想一想

- 등장인물이 나누는 간단한 대화를 듣고 단원의 주제와 의사소통 목표를 생각해 봅니다.
  听出场人物之间进行的简单对话，想一想本单元的主题及交际目标。

학습 목표 学习目标

- 단원을 학습한 후에 수행할 수 있는 의사소통 목표입니다.
  结束本单元学习后能够独自完成的交际目标。

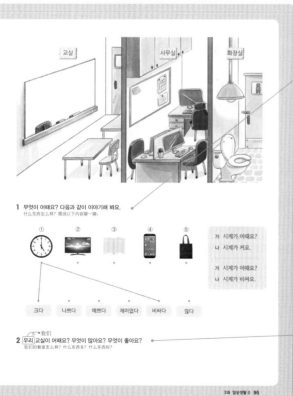

어휘의 연습 1 词汇练习 1

- 배운 어휘를 사용해 볼 수 있는 말하기 연습입니다.
  运用所学词汇进行的口语练习。

- 연습의 방식은 그림, 사진, 문장 등으로 다양합니다.
  练习方式有图片、照片和句子等多种形式。

어휘의 연습 2 词汇练习 2

- 유의미한 의사소통 상황에서 배운 어휘를 사용하는 말하기 연습입니다.
  在有意义的语言交际情境中使用所学词汇进行口语练习。

## 이 책의 특징 本书的特点

**문법의 도입** 引入语法

· 목표 문법이 사용되는 의사소통 상황입니다.
  使用目标语法的语言交际情境。

**문법의 제시** 语法的呈现

· 목표 문법의 의미와 쓰임을 여러 예문을 통해 확인합니다.
  通过多个例句确认目标语法的含义和用法。

· 목표 문법을 사용하기 위해 알아야 하는 기본 정보입니다.
  为使用目标语法而需要知道的基本信息。

**새 단어** 新单词

· 어휘장으로 묶이지 않은 개별 단어입니다.
  没有纳入到词汇表中的个别单词。

· 문맥을 통해 새 단어의 의미를 확인합니다.
  通过上下文确认新单词的含义。

**담화 표현의 제시** 篇章表达展示

· 고정적이고 정형화된 의사소통 표현입니다.
  句群表达是一种固定的、定型化的沟通表达方式。

**담화 표현 연습** 篇章表达练习

· 담화 표현을 덩어리째 익혀 대화하는 말하기 연습입니다.
  以句群的形式熟悉篇章表达方式，并进行对话的口语练习。

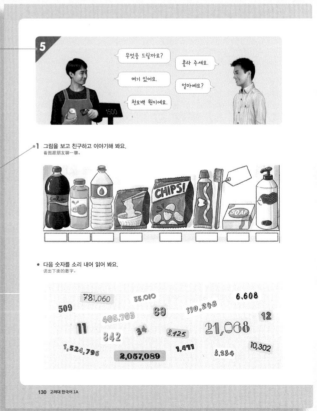

## 문법의 연습 1, 2 语法练习 1, 2

- 배운 문법을 사용해 볼 수 있는 말하기 연습입니다.
  运用所学语法进行的口语练习。

- 연습의 방식은 그림, 사진, 문장 등으로 다양합니다.
  练习方式有图片、照片和句子等多种形式。

## 문법의 연습 2, 3 语法练习 2, 3

- 유의미한 의사소통 상황에서 배운 문법을 사용하는 말하기 연습입니다.
  在有意义的交际情况中针对学过的语法进行的会话练习。

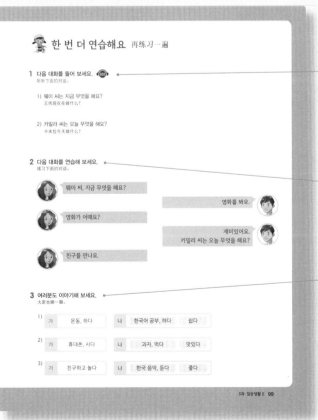

## 대화 듣기 听对话

- 의사소통 목표가 되는 자연스럽고 유의미한 대화를 듣고 대화의 목적, 대화의 내용을 파악합니다.
  倾听成为语言交际目标的自然而有意义的对话，掌握对话的目的和内容。

## 대화 연습 练习对话

- 대화 연습을 통해 대화의 구성 방식을 익힙니다.
  通过对话练习，熟悉对话的构成方式。

## 대화 구성 연습 组织对话练习

- 학습자 스스로 대화를 구성하여 말해 보는 연습입니다.
  学习者自己组织对话内容而进行的练习。

- 어휘만 교체하는 단순 반복 연습이 되지 않도록 구성했습니다.
  结构上避免了变成简单替换词汇的重复练习。

## 이 책의 특징 本书的特点

### 듣기 활동 听力活动

- 단원의 주제와 기능이 구현된 의사소통 듣기 활동입니다.
  体现单元主题和技能的语言交际听力活动。

- 중심 내용 파악과 세부 내용 파악 등 목적에 따라 두세
  번 반복하여 듣습니다.
  根据掌握整体内容和掌握具体内容等目的的不同，反
  复听两三次。

### 읽기 활동 阅读活动

- 단원의 주제와 기능이 구현된 의사소통 읽기 활동입니다.
  体现单元主题和技能的语言交际阅读活动。

- 중심 내용 파악과 세부 내용 파악 등 목적에 따라 두세
  번 반복하여 읽습니다.
  根据掌握整体内容和掌握具体内容等目的的不同，反
  复读两三次。

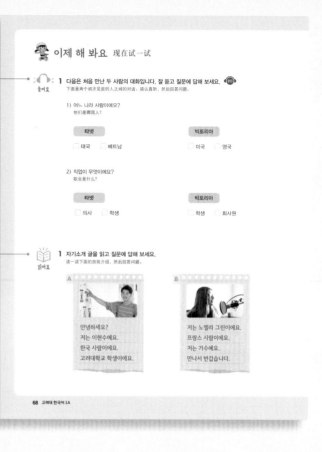

### 쓰기 활동 写作活动

- 단원의 주제와 기능이 구현된 의사소통 쓰기 활동입니다.
  体现单元主题和技能的语言交际写作活动。

- 쓰기 전에 써야 할 내용이나 방식에 대해 생각해 본 후
  쓰기를 합니다.
  写作之前，先想一想要写的内容或方式，然后再写。

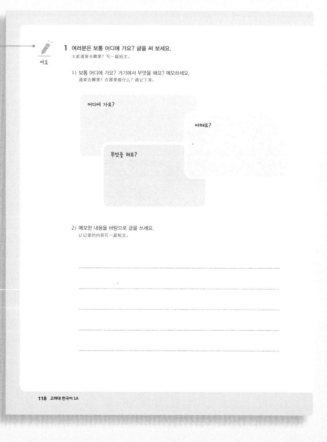

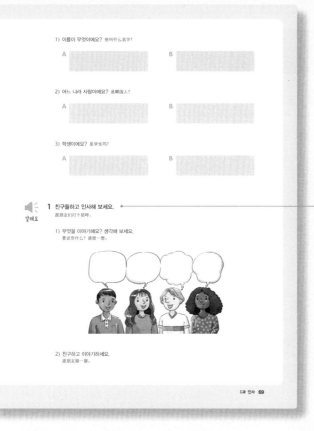

1) 이름이 무엇이에요? 他叫什么名字?

A

B

2) 어느 나라 사람이에요? 是哪国人?

A

B

3) 학생이에요? 是学生吗?

A

B

**말해요**

1 친구들하고 인사해 보세요.
跟朋友们打个招呼。

1) 무엇을 이야기해요? 생각해 보세요.
要说些什么? 请想一想。

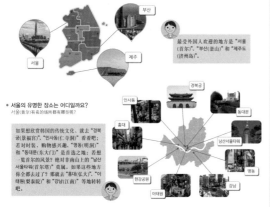

2) 친구하고 이야기하세요.
跟朋友聊一聊。

**말하기 활동** 口语活动

· 단원의 주제와 기능이 구현된 의사소통 말하기 활동입니다.
体现单元主题和技能的语言交际口语活动。

· 말하기 전에 말할 내용이나 방식에 대해 생각해 본 후
말하기를 합니다.
口语练习之前，先想一想要说的内容或方式，然后再说。

---

**문화 한국 구경을 떠나 볼까요?** 游览韩国，我们出发吧！

· 여러분은 한국의 어디 어디를 알아요? 한국의 대표 도시를 알아볼까요?
大家都知道韩国的哪些地方？ 让我们认识一下韩国的代表城市。

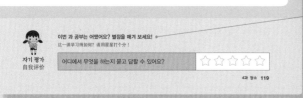

最受外国人欢迎的地方是"서울
(首尔)"、"부산(釜山)"和"제주도
(济州岛)"。

· 서울의 유명한 장소는 어디일까요?
서울(首尔)有名的场所都有哪些呢？

如果想欣赏韩国的传统文化，就去"경복
궁(景福宫)"、"인사동(仁寺洞)"看看吧；
若对时装、购物感兴趣，"명동(明洞)"
和"동대문(东大门)"是首选之地；若想
一览首尔的风景？绝对非南山上的"남산
서울타워(首尔塔)"莫属。如果这些地方
你全都去过了？那就去"홍대(弘大)"、"이
태원(梨泰院)"和"강남(江南)"等地转转
吧。

· 여러분 나라의 유명한 곳은 어디예요? 소개해 보세요.
大家的国家都有名的地方是哪里？ 请介绍一下。

**자기 평가**
自我评价

이번 과 공부는 어땠어요? 별점을 매겨 보세요!
这一课学习得如何？ 请用星星打个分！

어디에서 무엇을 하는지 묻고 답할 수 있어요? ☆☆☆☆☆

**발음 활동/문화 활동** 发音活动/文化活动

· 초급에서 필수적으로 알아야 할 발음/문화 항목을 소개합
니다. 간단한 설명 후 실제 활동을 해 봅니다.
介绍初级阶段必须知道的发音/文化项目。 简单说明后进
行实际活动。

· 단원마다 발음 또는 문화 항목이 제시됩니다.
每个单元都会选择性地呈现发音或文化项目。

**자기 평가** 自我评价

· 단원 앞부분에 제시되었던 학습 목표 달성 여부를 학습자
스스로 점검합니다.
学习者自我检验是否完成了单元前面列出的学习目标。

# 단원 구성 표

| 단원 | 단원 제목 | 학습 목표 | 의사소통 활동 |
|---|---|---|---|
| 1 과 | 인사 | 처음 만난 사람과 인사를 할 수 있다. | • 인사하는 대화 듣기<br>• 자기소개 글 읽기<br>• 인사하기<br>• 자기소개 글 쓰기 |
| 2 과 | 일상생활 I | 무엇을 하는지 묻고 답할 수 있다. | • 일상생활을 묻는 대화 듣기<br>• 일상생활 묻고 답하기<br>• 일상생활에 대한 글 읽기<br>• 일상생활에 대한 글 쓰기 |
| 3 과 | 일상생활 II | 무엇이 어떤지 묻고 답할 수 있다. | • 일상생활을 묻는 대화 듣기<br>• 일상생활 묻고 답하기<br>• 일기 읽기<br>• 일기 쓰기 |
| 4 과 | 장소 | 어디에서 무엇을 하는지 묻고 답할 수 있다. | • 장소에서 하는 일에 대한 대화 듣기<br>• 장소에 대한 글 읽기<br>• 장소에서 하는 일 묻고 답하기<br>• 장소에서 하는 일 쓰기 |
| 5 과 | 물건 사기 | 물건을 살 수 있다. | • 물건을 사는 대화 듣기<br>• 영수증 읽기<br>• 물건 사는 대화하기<br>• 물건을 산 경험 쓰기 |

| 어휘 · 문법 · 담화 표현 | | | 발음/문화 |
| --- | --- | --- | --- |
| • 나라<br>• 직업 | • 저는 [명사]이에요/<br>예요 | • 이름 말하기<br>• 나라 말하기<br>• '네, 아니요'로 답하기 | 어서 오세요! 한국 |
| • 동작<br>• 물건 | • 을/를<br>• -아요/어요/여요<br>• 하고 1 | | 연음 1 |
| • 상태<br>• 학교 | • 이/가<br>• 한국어의 문장 구조 | | 연음 2 |
| • 장소 | • 에 가다<br>• 에서<br>• 지시 표현[이, 그, 저] | | 한국 구경을 떠나 볼까요? |
| • 가게 물건<br>• 고유어 수<br>• 한자어 수 | • 이/가 있다/없다<br>• 하고 2 | • 물건 사기 | 한국의 돈 |

| 单元 | 单元名 | 学习目标 | 语言交际活动 |
|---|---|---|---|
| 第一课 | **打招呼** | 能跟第一次见面的人打招呼。 | • 听打招呼的对话<br>• 读自我介绍<br>• 练习打招呼<br>• 写自我介绍 |
| 第二课 | **日常生活 I** | 能对在做什么进行提问和回答。 | • 听询问日常生活的对话<br>• 对日常生活进行问答<br>• 读关于日常生活的短文<br>• 写关于日常生活的作文 |
| 第三课 | **日常生活 II** | 可以对某事物状态如何进行提问和回答。 | • 听询问日常生活的对话<br>• 对日常生活进行问答<br>• 读日记<br>• 写日记 |
| 第四课 | **场所** | 能对在某处做某事进行提问和回答。 | • 听关于在某场所做的事的对话<br>• 读关于某场所的短文<br>• 对在某场所做的事进行问答<br>• 写关于在某场所做的事 |
| 第五课 | **买东西** | 能购买物品。 | • 听买东西的对话<br>• 看发票<br>• 练习买东西的对话<br>• 写一篇买东西的经历 |

| 词汇 · 语法 · 语篇表达 | | | 发音 / 文化 |
|---|---|---|---|
| • 国家<br>• 职业 | • 저는 [名词]이에요/<br>예요 | • 介绍名字<br>• 介绍国籍<br>• 用'是，不是'做<br>回答 | 欢迎来到韩国！ |
| • 动作<br>• 物品 | • 을/를<br>• -아요/어요/여요<br>• 하고 1 | | 连音 1 |
| • 状态<br>• 学校 | • 이/가<br>• 韩国语的句子构造 | | 连音 2 |
| • 场所 | • 에 가다<br>• 에서<br>• 指示代词[이, 그, 저] | | 游览韩国，我们出发<br>吧！ |
| • 商店物品<br>• 固有数词<br>• 汉字数词 | • 이/가 있다/없다<br>• 하고 2 | • 买东西 | 韩国的货币 |

# 차례 目录

### 왕웨이

나라  중국
나이  19세
직업  학생
      (고려대학교 한국어센터)
취미  피아노

### 카밀라 멘데즈

나라  칠레
나이  23세
직업  학생
      (고려대학교 한국어센터)
취미  SNS

### 무함마드 알 감디

나라  이집트
나이  32세
직업  요리사/학생
취미  태권도

### 김지아

나라  한국
나이  22세
직업  학생
      (고려대학교 경제학과)
취미  영화

### 미아 왓슨

나라  영국
나이  21세
직업  학생
      (고려대학교 교환 학생)
취미  노래(K-POP)

## 응우옌 티 두엔

**나라** 베트남
**나이** 19세
**직업** 학생
(고려대학교 한국어센터)
**취미** 드라마

## 다니엘 클라인

**나라** 독일
**나이** 29세
**직업** 회사원/학생
**취미** 여행

## 모리야마 나쓰미

**나라** 일본
**나이** 35세
**직업** 학생/약사
**취미** 그림

## 서하준

**나라** 한국
**나이** 22세
**직업** 학생
(고려대학교 국어국문학과)
**취미** 농구

## 정세진

**나라** 한국
**나이** 33세
**직업** 한국어 선생님
**취미** 요가

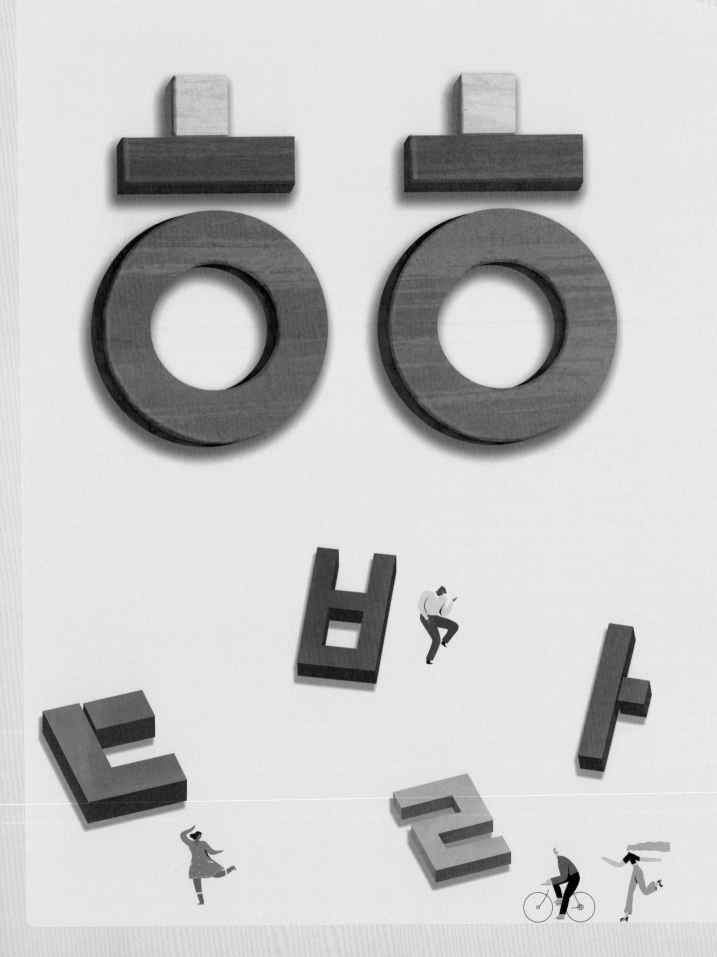

**0**

# 한글

韓文

# 한글을 배워요 韩国语和韩文

## 한글의 창제 韩文的创制

한글은 세종대왕이 만든 한국의 고유 글자입니다. 세종대왕은 백성들의 문자 생활의 어려움을 해소하기 위해 1443년 문자를 만들었습니다. 이 문자의 이름은 훈민정음(訓民正音, 백성들을 가르치는 바른 소리)이고 같은 이름의 해설서인 《훈민정음》을 통해 창제의 취지, 자음자와 모음자의 음가와 운용 방법을 밝혔습니다. 한글은 글자의 이름인 훈민정음을 달리 이르는 명칭으로 20세기 이후에 널리 사용되었습니다.

韩文是世宗大王创造的韩国的固有文字。世宗大王为了减轻百姓们在文字生活中的困难，于1443年创制了文字"训民正音"（教百姓以正确的字音），并通过同名解说书《训民正音》详细阐述了韩文创制的宗旨，子音与母音的音值及其运用方法。文字名称"训民正音"的另一种名称是'韩文，在20世纪以后得到了广泛的应用。

 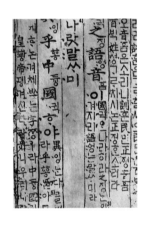 

한글은 자음과 모음으로 이루어진 음소 문자로, 상형의 원리에 의해 기본자인 모음 세 자와 자음 다섯 자를 만들고, 가획과 합용의 방법으로 다른 모음자와 자음자를 만들었습니다.

韩文是由子音和母音所构成的表音文字，世宗大王根据象形原理，创造了最基本的三个母音字和五个子音字，并通过加划与合写的方式创造了其他的母音与子音。

모음의 기본자는 'ㆍ, ㅡ, ㅣ'인데, 하늘의 동그란 모양, 땅의 평평한 모양, 사람이 서 있는 모양을 본떠 만들었습니다. 이 기본자를 서로 결합하여 다른 모음자를 만들었습니다.

母音的基本字为"ㆍ、ㅡ、ㅣ"，仿效天空圆形的模样、地面平坦的模样和人直立的模样创造而成，再将这些基本字相互结合创造出其他母音字。

자음의 기본자는 'ㄱ, ㄴ, ㅁ, ㅅ, ㅇ'입니다. ㄱ은 혀뿌리가 목구멍을 닫는 모양, ㄴ은 혀가 윗잇몸에 붙는 모양, ㅁ은 입의 모양, ㅅ은 이의 모양, ㅇ은 목구멍의 모양을 본떠 만들었습니다. 발음 기관이나 조음 방법을 본뜬 이 기본자에 획을 더하는 방법과 기본자를 같이 쓰는 방식으로 다른 자음자를 만들었습니다.

子音的基本字则仿效舌根将喉咙闭合的模样，舌头贴在上齿龈上的模样，嘴的模样，牙齿的模样和喉咙的模样，创造出了"ㄱ、ㄴ、ㅁ、ㅅ、ㅇ"。以按照发音器官或发音方法所创造的这些基本字为基础，用增加笔划的方式和将基本字合写的方式创造出了其他的子音字。

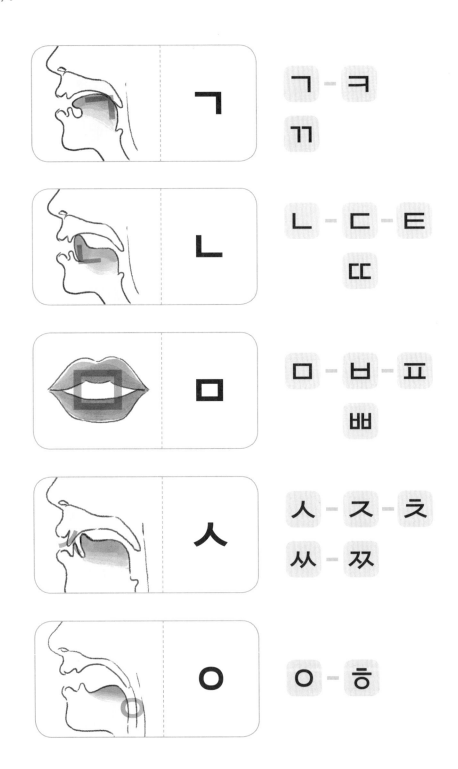

# 모음 1 母音 1

● **잘 들으세요.**
仔细听一听。

| 모음 | 발음 | 이름 |
|------|------|------|
| ㅏ | [ ɑ ] | 아 |
| ㅓ | [ ʌ ] | 어 |
| ㅗ | [ o ] | 오 |
| ㅜ | [ u ] | 우 |
| ㅡ | [ ɯ ] | 으 |
| ㅣ | [ i ] | 이 |

| 모음 | 발음 | 이름 |
|------|------|------|
| ㅑ | [ jɑ ] | 야 |
| ㅕ | [ jʌ ] | 여 |
| ㅛ | [ jo ] | 요 |
| ㅠ | [ ju ] | 유 |

● **듣고 따라 하세요.**
听一听，读一读。

1) ㅏ      2) ㅑ      3) ㅓ      4) ㅕ

5) ㅗ      6) ㅛ      7) ㅜ      8) ㅠ

9) ㅡ      10) ㅣ

● 사진의 입 모양을 보면서 읽으세요.
看着图片上的口型读一读。

1)  ㅏ

2) 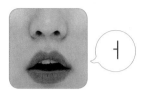 ㅓ

3)  ㅡ

4)  ㅗ

5) 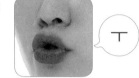 ㅜ

6)  ㅣ

● 읽으세요.
读一读。

1) ㅏ, ㅑ, ㅏ, ㅑ

2) ㅕ, ㅜ, ㅕ, ㅜ

3) ㅗ, ㅛ, ㅗ, ㅛ

4) ㅜ, ㅏ, ㅜ, ㅏ

5) ㅓ, ㅜ, ㅑ

6) ㅜ, ㅗ, ㅏ

7) ㅡ, ㅓ, ㅏ

8) ㅓ, ㅣ, ㅠ, ㅣ

9) ㅏ, ㅣ, ㅜ, ㅣ, ㅗ

10) ㅛ, ㅑ, ㅠ, ㅕ

● 쓰세요.
写一写。

| 모음 | 발음 | 쓰는 순서 | 연습 | | | |
|---|---|---|---|---|---|---|
| ㅏ | [ ɑ ] | ㅣ ㅏ | | | | |
| ㅑ | [ jɑ ] | ㅣ ㅏ ㅑ | | | | |
| ㅓ | [ ʌ ] | ㅡ ㅓ | | | | |
| ㅕ | [ jʌ ] | ㅡ ㅡ ㅕ | | | | |
| ㅗ | [ o ] | ㅣ ㅗ | | | | |
| ㅛ | [ jo ] | ㅣ ㅣㅣ ㅛ | | | | |
| ㅜ | [ u ] | ㅡ ㅜ | | | | |
| ㅠ | [ ju ] | ㅡ ㅜ ㅠ | | | | |
| ㅡ | [ ɯ ] | ㅡ | | | | |
| ㅣ | [ i ] | ㅣ | | | | |

한글 **29**

# 자음 1  子音 1

● **확인하세요.**
  看一看。

| 자음 | 발음 | 이름 |
|------|------|------|
| ㄱ | [ k ] | 기역 |
| ㄷ | [ t ] | 디귿 |
| ㅁ | [ m ] | 미음 |
| ㅅ | [ s ] | 시옷 |
| ㅈ | [ tɕ ] | 지읒 |
| ㅋ | [ kʰ ] | 키읔 |
| ㅍ | [ pʰ ] | 피읖 |

| 자음 | 발음 | 이름 |
|------|------|------|
| ㄴ | [ n ] | 니은 |
| ㄹ | [ l ] | 리을 |
| ㅂ | [ p ] | 비읍 |
| ㅇ | [ ŋ ] | 이응 |
| ㅊ | [ tɕʰ ] | 치읓 |
| ㅌ | [ tʰ ] | 티읕 |
| ㅎ | [ h ] | 히읗 |

※ 한국어의 자음은 단독으로 발음할 수 없습니다. 여기에서는 무표 모음인 'ㅡ'와 결합하여 자음의 소리를 제시합니다.
  韩国语的子音无法单独发音，此处通过与无标母音"ㅡ"相结合来表示子音的读法。

● **듣고 따라 하세요.** 03
  听一听，读一读。

  1) ㄱ        2) ㄴ        3) ㄷ        4) ㄹ        5) ㅁ

  6) ㅂ        7) ㅅ        8) ㅇ        9) ㅈ        10) ㅊ

  11) ㅋ       12) ㅌ       13) ㅍ       14) ㅎ


● **읽으세요.**
  读一读。

  1) ㄱ, ㅋ                      2) ㄴ, ㄹ

  3) ㄷ, ㅌ                      4) ㅅ, ㅎ

  5) ㅈ, ㅊ                      6) ㅂ, ㅍ

  7) ㄱ, ㄷ, ㅂ                  8) ㅁ, ㅂ, ㅍ

  9) ㅎ, ㅁ, ㄴ                  10) ㅅ, ㅌ, ㄹ

  11) ㄷ, ㄷ, ㄷ                 12) ㅋ, ㅋ, ㅋ

  13) ㅍ, ㅎ, ㅍ, ㅎ            14) ㅅ, ㅎ, ㄱ, ㅂ

  15) ㅋ, ㅈ, ㅌ, ㅎ            16) ㄹ, ㄹ, ㄹ, ㄹ, ㄹ

● 쓰세요.
写一写。

| 자음 | 발음 | 쓰는 순서 | 연습 | | | | |
|---|---|---|---|---|---|---|---|
| ㄱ | [ k ] | ㄱ | | | | | |
| ㄴ | [ n ] | ㄴ | | | | | |
| ㄷ | [ t ] | ㅡ ㄷ | | | | | |
| ㄹ | [ l ] | ㄱ ㅋ ㄹ | | | | | |
| ㅁ | [ m ] | ㅣ ㄇ ㅁ | | | | | |
| ㅂ | [ p ] | ㅣ ㅣㅣ ㅐ ㅂ | | | | | |
| ㅅ | [ s ] | ノ ㅅ | | | | | |
| ㅇ | [ ŋ ] | ㅇ | | | | | |
| ㅈ | [ tɕ ] | ㄱ ㅈ | | | | | |
| ㅊ | [ $tɕ^h$ ] | ˉ ㅋ ㅊ | | | | | |

| 자음 | 발음 | 쓰는 순서 | 연습 | | | | |
|---|---|---|---|---|---|---|---|
| ㅋ | [ kʰ ] | ㄱ ㅋ | | | | | |
| ㅌ | [ tʰ ] | ㅡ ㅌ ㅌ | | | | | |
| ㅍ | [ pʰ ] | ㅡ ㅜ ㅍ ㅍ | | | | | |
| ㅎ | [ h ] | ㅡ ㅎ ㅎ | | | | | |

● 잘 듣고 맞는 것을 고르세요. 🎧04
　按下面的方式写一写。

1) ① ㄱ  　② ㄹ

2) ① ㄷ  　② ㅂ

3) ① ㅅ  　② ㅍ

4) ① ㄴ  　② ㅁ

5) ① ㅋ  　② ㅎ

6) ① ㅏ  　② ㅓ

7) ① ㅗ  　② ㅜ

8) ① ㅡ  　② ㅣ

# 음절 1 音节1

한국어는 음절 단위로 발음합니다. 음절의 필수 요소는 모음입니다. 모음은 단독으로 한 음절을 만들 수도 있고, 모음의 앞과 뒤에 자음을 취해 음절을 만들 수도 있습니다. 모음으로만 이루어진 음절은 모음 앞에 소리가 없는 'ㅇ'을 붙입니다.

韩国语以音节为单位来发音，音节中必不可少的要素是母音。母音可以单独组成一个音节，也可以与母音前后的子音一起组成音节。以母音所构成的音节，应在母音前加上不发音的"ㅇ"。

$$ㅇ + ㅏ = 아 \qquad ㅇ + ㅗ = 오$$

모음은 자음의 오른쪽에 위치하는 모음과 자음의 아래쪽에 위치하는 모음이 있습니다. 'ㅏ, ㅑ, ㅓ, ㅕ, ㅣ'는 자음이 왼쪽에 모음이 오른쪽에 위치하고, 'ㅗ, ㅛ, ㅜ, ㅠ, ㅡ'는 자음이 위쪽에 모음이 아래쪽에 위치합니다.

母音有位于子音右侧的母音和位于子音下方的母音。"ㅏ、ㅑ、ㅓ、ㅕ、ㅣ"是子音在左，母音在右，"ㅗ、ㅛ、ㅜ、ㅠ、ㅡ"则是子音在上，母音在下。

| 모음 | 자음과 모음의 결합 | | | |
|---|---|---|---|---|
| ㅏ, ㅑ, ㅓ, ㅕ, ㅣ | ㄱ + ㅏ ➡ 가 | | ㄱ + ㅓ ➡ 거 | |
| ㅗ, ㅛ, ㅜ, ㅠ, ㅡ | ㄱ + ㅗ ➡ 고 | | ㄱ + ㅜ ➡ 구 | |

● **쓰세요.**
写一写。

1) ㄱ + ㅣ ➡ 

2) ㄴ + ㅏ ➡ 

3) ㄹ + ㅡ ➡ 

4) ㅁ + ㅗ ➡ 

5) ㅇ + ㅑ ➡ 

6) ㅈ + ㅓ ➡ 

7) ㅂ + ㅜ ➡ 

8) ㅍ + ㅗ ➡ 

9) ㅎ + ㅠ ➡ 

● **듣고 따라 하세요.** 🎧05
听一听，读一读。

1) 거　　2) 어　　3) 도　　4) 러　　5) 무

6) 보　　7) 서　　8) 우　　9) 지　　10) 추

11) 크　　12) 트　　13) 노　　14) 표　　15) 혀

● **읽으세요.**
读一读。

1) 아이　　2) 우유　　3) 오이　　4) 이유　　5) 아우

6) 도　　7) 저　　8) 가지　　9) 미소　　10) 우주

11) 야호　　12) 나무　　13) 휴지　　14) 두루미　　15) 고구마

16) 요구　　17) 파도　　18) 소나기　　19) 다리미　　20) 피부

● 쓰세요.
　写一写。

| | ㅏ | ㅓ | ㅗ | ㅜ | ㅡ | ㅣ |
|---|---|---|---|---|---|---|
| ㅇ | | | | | | |
| ㄱ | | | | | | |
| ㄴ | | | | | | |
| ㄷ | | | | | | |
| ㄹ | | | | | | |
| ㅁ | | | | | | |
| ㅂ | | | | | | |
| ㅅ | | | | | | |
| ㅈ | | | | | | |
| ㅊ | | | | | | |

| | ㅑ | ㅕ | ㅛ | ㅠ |
|---|---|---|---|---|
| ㅇ | | | | |
| ㄱ | | | | |
| ㄷ | | | | |
| ㅂ | | | | |
| ㅅ | | | | |

● 잘 듣고 맞는 것을 고르세요. 06

仔细听，找出听到的音。

1)  ① 가　　　② 다　　　③ 바

2)  ① 무　　　② 주　　　③ 후

3)  ① 저　　　② 러　　　③ 퍼

4)  ① 도　　　② 무　　　③ 수

5)  ① 비　　　② 피　　　③ 치

● 잘 듣고 쓰세요. 🎧07
　仔细听，把听到的音写下来。

1)

2)

3)

4)

5)

6)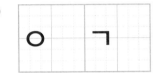

● 잘 듣고 맞는 것을 고르세요. 🎧08
　仔细听，找出听到的音。

1)　① 하루　　② 허나

2)　① 부디　　② 비지

3)　① 서로　　② 주모

4)　① 고려아　② 코리아

5)　① 아유미　② 여우미

● 읽으세요.
　读一读。

| 아이 → | 이유 → | 유아 → | 아기 |
|---|---|---|---|

| 기도 ← | 요기 ← | 차요 ← | 기차 |
|---|---|---|---|

| 도로 → | 로마 → | 마차 → | 차이 |
|---|---|---|---|

● 잘 듣고 순서대로 줄을 그으세요. 09

仔细听，按听到的顺序连线。

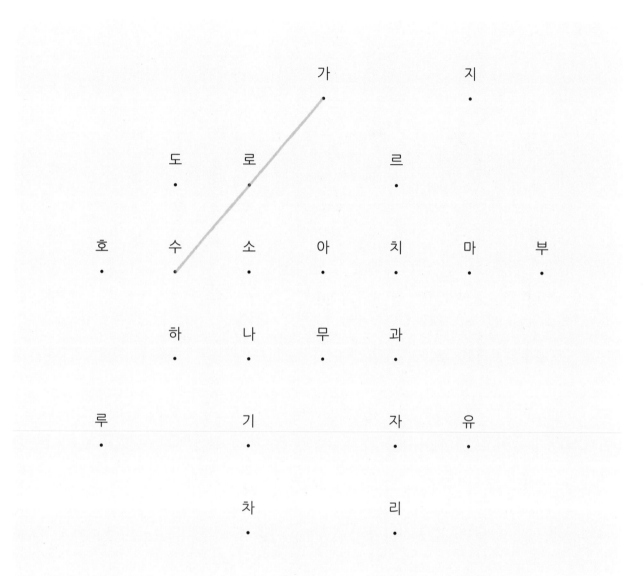

# 모음 2  母音 2

● **잘 들으세요.** ⑩
仔细听一听。

| 모음 | 발음 | 이름 |
|------|------|------|
| ㅐ | [ ɛ ] | 애 |
| ㅔ | [ e ] | 에 |
| ㅘ | [ wɑ ] | 와 |
| ㅚ | [Ø/wɛ] | 외 |
| ㅞ | [ wɛ ] | 웨 |
| ㅢ | [ ɯi ] | 의 |

| 모음 | 발음 | 이름 |
|------|------|------|
| ㅒ | [ jɛ ] | 얘 |
| ㅖ | [ je ] | 예 |
| ㅙ | [ wɛ ] | 왜 |
| ㅝ | [ wʌ ] | 워 |
| ㅟ | [ y/wi ] | 위 |

* 'ㅐ'와 'ㅔ' 그리고 'ㅒ'와 'ㅖ'는 원래 다른 소리이지만 대부분의 한국 사람들은 'ㅐ'와 'ㅔ'를 같은 소리인 [ɛ]로 발음하고, 'ㅒ'와 'ㅖ'도 같은 소리인 [jɛ]로 발음합니다. 'ㅙ', 'ㅚ', 'ㅞ'도 같은 소리인 [wɛ]로 발음합니다.
  "ㅐ"和"ㅔ"以及"ㅒ"和"ㅖ"原本发的是不同的音，但大部分韩国人将"ㅐ"和"ㅔ"发成同一个音[ɛ]，将"ㅒ"和"ㅖ"也发成同一个音[jɛ]。"ㅙ"、"ㅚ"、"ㅞ"也都发成相同的音[wɛ]。

* 표준발음법에 따르면 'ㅚ'와 'ㅟ'는 원래 단모음이지만 대부분의 한국 사람은 이중모음으로 발음합니다.
  另外，根据标准发音法，"ㅚ"和"ㅟ"本来是单母音，但大部分韩国人将其作为双重母音来发音。

● **듣고 따라 하세요.** 🎧11

听一听，读一读。

1) ㅐ        2) ㅒ        3) ㅔ        4) ㅖ

5) ㅘ        6) ㅙ        7) ㅚ        8) ㅝ

9) ㅞ        10) ㅟ        11) ㅢ


● **읽으세요.**

读一读。

1) 애        2) 에        3) 얘        4) 예

5) 왜        6) 외        7) 웨        8) 와

9) 워        10) 위        11) 의


● **읽으세요.**

读一读。

1) 개        2) 쇠        3) 회        4) 뭐

5) 놔        6) 게        7) 귀        8) 봐

9) 얘기        10) 돼지        11) 위치        12) 예의

13) 궤도        14) 의자        15) 추위        16) 무늬

● 쓰세요.
写一写。

| 모음 | 발음 | 쓰는 순서 | 연습 | | | | |
|---|---|---|---|---|---|---|---|
| ㅐ | [ ɛ ] | ㅣ ㅏ ㅐ | | | | | |
| ㅒ | [ jɛ ] | ㅣ ㅏ ㅑ ㅒ | | | | | |
| ㅔ | [ e ] | ㅡ ㅓ ㅔ | | | | | |
| ㅖ | [ je ] | ㅡ ㅡ ㅕ ㅖ | | | | | |
| ㅘ | [ wɑ ] | ㅣ ㅗ ㅗㅣ ㅘ | | | | | |
| ㅙ | [ wɛ ] | ㅣ ㅗ ㅗㅣ ㅘ ㅙ | | | | | |
| ㅚ | [ ø/wɛ ] | ㅣ ㅗ ㅚ | | | | | |
| ㅝ | [ wʌ ] | ㅡ ㅜ ㅜ ㅝ | | | | | |
| ㅞ | [ wɛ ] | ㅡ ㅜ ㅜ ㅝ ㅞ | | | | | |
| ㅟ | [ y/wi ] | ㅡ ㅜ ㅟ | | | | | |
| ㅢ | [ ɰi ] | ㅡ ㅢ | | | | | |

● 잘 듣고 맞는 것을 고르세요. 🎧
仔细听，找出听到的音。

1)　① 나　　② 놔

2)　① 기　　② 걔

3)　① 둬　　② 두

4)　① 의　　② 위

5)　① 돼　　② 뒤

● 읽으세요.
读一读。

1)　애, 새우, 배구, 채소

2)　게, 세기, 제주도, 테이프

3)　걔, 쟤, 세계, 예의

4)　와우, 사과, 봐요, 화가

5)　왜, 돼지, 궤도, 구두쇠

6)　추워요, 쉬워요, 둬요, 쿼터

7)　위, 귀, 뒤, 쉬어요

8)　의자, 의미, 의류, 의주

# 자음 2  子音 2

● **확인하세요.**
看一看。

| 자음 | 발음 | 이름 |
|---|---|---|
| ㄲ | [ k* ] | 쌍기역 |
| ㅃ | [ p* ] | 쌍비읍 |
| ㅉ | [ tɕ* ] | 쌍지읒 |

| 자음 | 발음 | 이름 |
|---|---|---|
| ㄸ | [ t* ] | 쌍디귿 |
| ㅆ | [ s* ] | 쌍시옷 |

● **듣고 따라 하세요.**
听一听，读一读。

1) 까　　　　2) 띠　　　　3) 뿌　　　　4) 싸

5) 짜　　　　6) 꼬　　　　7) 뚜　　　　8) 뻐

● **읽으세요.**
读一读。

1) 아까　　　2) 어깨　　　3) 까치　　　4) 꼬리

5) 따요　　　6) 가짜　　　7) 아빠　　　8) 싸요

9) 짜요　　　10) 예뻐요　　11) 쓰레기　　12) 허리띠

13) 토끼　　　14) 꼬마　　　15) 따오기　　16) 코끼리

● 쓰세요.
写一写。

| | ㅣ | ㅏ | ㅡ | ㅓ | ㅐ |
|---|---|---|---|---|---|
| ㄲ | 끼 | | | | |
| ㄸ | | 따 | | | |
| ㅃ | | | | | |
| ㅆ | | | | | |
| ㅉ | | | | | |

● 잘 듣고 쓰세요. 🎧14
仔细听，把听到的音写下来。

1)

| | 마 |
|---|---|

2)

| 조 | |
|---|---|

3)

| 아 | |
|---|---|

4)

| | 리 |
|---|---|

5)

| | 레 | 기 |
|---|---|---|

6)

| 머 | 리 | |
|---|---|---|

# 음절 2  音节 2

음절의 필수 요소는 모음으로, 모음은 단독으로 한 음절을 만들 수도 있고, 모음의 앞과 뒤에 자음을 취해 음절을 만들 수도 있습니다. 모음 뒤에 오는 자음을 '받침'이라고 합니다.

由于母音是音节的必须要素，因此母音可以单独组成一个音节，也可以跟母音前后的子音组成音节。母音后面的子音称为"收音"。

$$ㅇ + ㅏ + ㄴ = 안$$

$$ㄱ + ㅜ + ㄱ = 국$$

받침의 소리는 파열되지 않습니다.
收音的声音不会爆破。

● **읽으세요.**
  读一读。

  1) 억, 닥, 북, 혹

  2) 난, 전, 돈, 푼

  3) 곧, 욷, 듣, 푿

  4) 울, 굴, 불, 줄

  5) 맘, 곰, 흠, 큼

  6) 좁, 삽, 럽, 힙

  7) 덩, 웅, 쿵, 캉

  8) 딩, 동, 딩, 동

● **읽으세요.**
  读一读。

  1) 오싹오싹, 꼬르륵꼬르륵

  2) 두근두근, 소곤소곤

  3) 터덜터덜, 훌쩍훌쩍

  4) 성큼성큼, 야금야금

  5) 어줍어줍, 후루룩 쩝쩝

  6) 살랑살랑, 올망졸망

모든 자음이 '받침'으로 사용될 수 있지만 실제 발음으로 나는 소리는 7가지입니다.
所有的子音都可以放在"收音"的位置上，但实际上发出来的音只有7种。

| 받침 | 발음 | 예 |
|---|---|---|
| ㄱ | [ k ] | 목, 저녁 |
| ㅋ | | 부엌 |
| ㄴ | [ n ] | 눈, 인사 |
| ㄷ | [ t ] | 곧, 듣다 |
| ㅅ | | 옷, 빗 |
| ㅈ | | 낮, 찾다 |
| ㅊ | | 꽃, 빛 |
| ㅌ | | 밑, 끝 |
| ㅎ | | 히읗 |
| ㄹ | [ l ] | 말, 겨울 |
| ㅁ | [ m ] | 잠, 감기 |
| ㅂ | [ p ] | 밥, 집 |
| ㅍ | | 옆, 숲 |
| ㅇ | [ ŋ ] | 공, 빵 |

● 쓰세요.
写一写。

| | 아 | 고 | 나 | 다 | 로 | 머 | 부 |
|---|---|---|---|---|---|---|---|
| 받침 ㄱ | | | | | | | |
| 받침 ㄴ | | | | | | | |
| 받침 ㄷ | | | | | | | |
| 받침 ㄹ | | | | | | | |
| 받침 ㅁ | | | | | | | |
| 받침 ㅂ | | | | | | | |
| 받침 ㅇ | | | | | | | |

● 쓰세요.
写一写。

1) 책                     2) 손

3) 김치

4) 공항

5) 수업

6) 선물

7) 가을

8) 음식

9) 문방구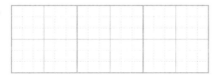

10) 선생님

● 잘 듣고 맞는 것을 고르세요.
仔细听，找出听到的音。

1)  ① 각      ② 갈

2)  ① 논      ② 놉

3)  ① 방      ② 박

4)  ① 입      ② 일

5)  ① 숨      ② 술

# 한글을 읽어요 读一读韩文

## 단어 单词

자음으로 끝나는 음절 뒤에 모음으로 시작되는 음절이 오면, 앞 음절의 받침은 뒤 음절의 첫소리로 발음됩니다.
在以子音结束的音节后出现以母音开头的音节时，前一音节的收音会成为后一音节的初音。

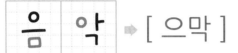

음 악 ➡ [ 으막 ]　　　한 국 어 ➡ [ 한구거 ]

● **듣고 따라 하세요.** 🎧16
　听一听，读一读。

| | | | |
|---|---|---|---|
| 1) 책 | 2) 안 | 3) 문 | 4) 곧 |
| 5) 길 | 6) 물 | 7) 밤 | 8) 선생님 |
| 9) 밥 | 10) 수업 | 11) 가방 | 12) 만나요 |
| 13) 얼음 | 14) 입어요 | 15) 웃어요 | 16) 걸어와요 |

● **읽으세요.**
　读一读。

| | | | |
|---|---|---|---|
| 1) 우산 | 2) 오전 | 3) 옆 | 4) 치약 |
| 5) 서점 | 6) 과일 | 7) 상자 | 8) 그릇 |
| 9) 연습 | 10) 음식 | 11) 방학 | 12) 병원 |
| 13) 밤낮 | 14) 영국 | 15) 달력 | 16) 선생님 |
| 17) 어린이 | 18) 하마 | 19) 높이 | 20) 닫아요 |

● **잘 듣고 쓰세요.** 🎧17
仔细听，把听到的音写下来。

1) 아

2) 다

3) 수

4) 바

5) 눈

6) 수

7) 기

8)

9)

10)

● **읽으세요.**
读一读。

1) 속, 저녁, 미국, 가족, 감각, 성악, 해학, 부엌, 밖, 깎다

2) 눈, 전기, 번호, 편지, 한의사, 노인, 라면, 퇴근, 레몬, 자전거

3) 곧, 걷다, 맛, 밭, 있다, 꽃가게, 비옷, 대낮, 옷깃, 햇빛, 가마솥

4) 팔, 길, 빨리, 알다, 골프, 지하철, 겨울, 수달, 요일, 미술

5) 곰, 땀, 잠, 감기, 컴퓨터, 씨름, 바람, 처음, 시험, 아침

6) 밥, 좁다, 높다, 수업, 아홉, 이집트, 무릎, 대답, 겁, 업다

● 친구가 읽는 글자의 번호를 쓰세요.
听朋友读出的文字，并填写序号。

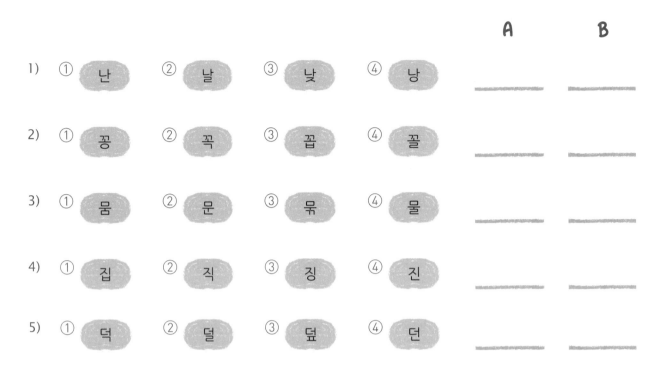

|   | | | | | A | B |
|---|---|---|---|---|---|---|
| 1) | ① 난 | ② 날 | ③ 낮 | ④ 낭 | _____ | _____ |
| 2) | ① 꽁 | ② 꼭 | ③ 꼽 | ④ 꼴 | _____ | _____ |
| 3) | ① 뭄 | ② 문 | ③ 묵 | ④ 물 | _____ | _____ |
| 4) | ① 집 | ② 직 | ③ 징 | ④ 진 | _____ | _____ |
| 5) | ① 덕 | ② 덜 | ③ 덮 | ④ 던 | _____ | _____ |

● 다음을 읽으세요. 그리고 옆의 그림에서 같은 글자를 찾아 ♡ 하세요.
阅读下列内容，在旁边的图中找出相同的字，画上♡。

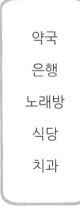

약국

은행

노래방

식당

치과

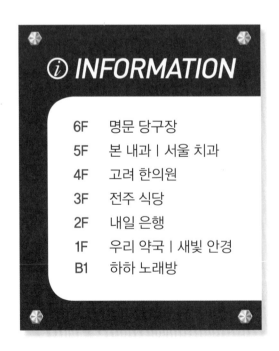

ⓘ INFORMATION

| 6F | 명문 당구장 |
|---|---|
| 5F | 본 내과 ㅣ 서울 치과 |
| 4F | 고려 한의원 |
| 3F | 전주 식당 |
| 2F | 내일 은행 |
| 1F | 우리 약국 ㅣ 새빛 안경 |
| B1 | 하하 노래방 |

# 문장 文章

● **읽으세요.**
  读一读。

1) 산이에요.

2) 연필이에요.

3) 옷이 있어요.

4) 서울에 살아요.

5) 몸이 아파요.

6) 날이 추워요.

7) 기분이 좋아요.

8) 밥을 먹어요.

9) 음악을 들어요.

10) 전화를 걸어요.

11) 친구를 만나요.

12) 눈이 동그래요.

13) 우리 집 돼지는 뚱뚱해요.

14) 빨간 모자를 쓴 토끼가 뛰어가요.

15) 날씨가 쌀쌀해요.

16) 우산이 예뻐요.

17) 얼굴이 갸름해요.

18) 달걀이 맛있어요.

19) 곰이 춤을 추어요.

20) 풀밭에 꽃이 피었어요.

# 1

# 인사
打招呼

🔲 생각해 봐요 想一想  🎧 011

**1** 두 사람은 무엇을 해요?
两个人在做什么?

🚲 **학습 목표** 学习目标

**처음 만난 사람과 인사를 할 수 있다.**
能跟第一次见面的人打招呼。

- 나라, 직업
- 저는 [명사]이에요/예요
- 이름 말하기, 나라 말하기, '네, 아니요'로 답하기

# 배워요 学一学

**1** 이름이 무엇이에요? 이야기해 봐요.
你叫什么名字? 说说看。

가 이름이 무엇이에요?
나 저는 김지아예요. 이름이 무엇이에요?
가 저는 다니엘 클라인이에요.

다니엘 클라인

김지아

→ 朋友
**2** 친구는 이름이 무엇이에요? 친구하고 이야기해 봐요.
朋友叫什么名字? 跟朋友聊一聊。

김지아

서하준

왕웨이

카밀라 멘데즈

다니엘 클라인

응우옌 티 두엔

모리야마 나쓰미

무함마드 알 감디

미아 왓슨

정세진

**2**

어느 나라 사람이에요?

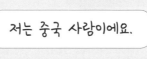
저는 중국 사람이에요.

나라 国家 ▼ 🔍

영국

독일

러시아

몽골

프랑스

중국

일본

미국

이집트

인도

한국

브라질

사우디아라비아

베트남

호주

칠레

태국

**1** 어느 나라 사람이에요? 다음과 같이 이야기해 봐요.
你是哪国人？说说看。

① 영국

② 중국

③ 브라질

④ 사우디아라비아

⑤ 이집트

한국

가 어느 나라 사람이에요?
나 저는 한국 사람이에요.

⑥ 베트남

⑦ 호주

⑧ 일본

⑨ 미국

⑩ 몽골

**2** 친구는 어느 나라 사람이에요? 친구하고 이야기해 봐요.
朋友是哪国人？跟朋友聊一聊。

**3**

저는 왕웨이예요.
저는 중국 사람이에요.

1) 가 저는 제시카 밀러예요.
   저는 미국 사람이에요.

2) 가 저는 두엔이에요.
   베트남 사람이에요.

3) 가 저는 김지아예요.
   나 저는 서하준이에요.

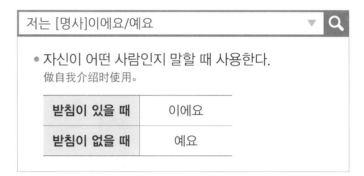

저는 [명사]이에요/예요

● 자신이 어떤 사람인지 말할 때 사용한다.
做自我介绍时使用。

| 받침이 있을 때 | 이에요 |
|---|---|
| 받침이 없을 때 | 예요 |

**1** 이름하고 나라를 이야기해 봐요.
说说名字和国家。

① 무함마드
이집트

② 카밀라
칠레

③ 나쓰미
일본

④ 두엔
베트남

⑤ 왕웨이
중국

⑥ 김지아
한국

**2** 친구들한테 자신의 이름하고 나라를 이야기해 봐요.

跟朋友说说自己的名字和国家。

4

다니엘 씨, 독일 사람이에요?

네, 독일 사람이에요.

미아 씨, 미국 사람이에요?

아니요, 영국 사람이에요.

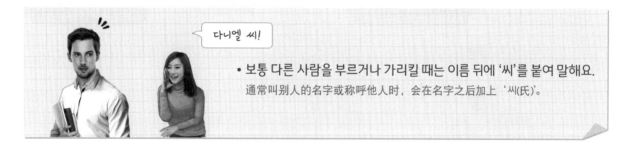

다니엘 씨!

- 보통 다른 사람을 부르거나 가리킬 때는 이름 뒤에 '씨'를 붙여 말해요.
  通常叫别人的名字或称呼他人时，会在名字之后加上'씨(氏)'。

**1** 다음과 같이 이야기해 봐요.
围绕以下内容聊一聊。

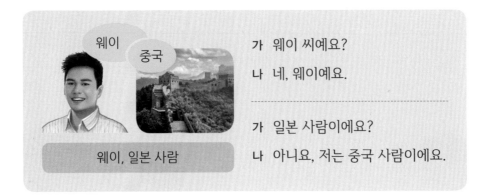

> 가 웨이 씨예요?
> 나 네, 웨이예요.
> ────────────────────
> 가 일본 사람이에요?
> 나 아니요, 저는 중국 사람이에요.

웨이, 일본 사람

①

김지아, 한국 사람

②

다니엘, 미국 사람

③

나쓰미, 일본 사람

④

두엔, 태국 사람

⑤

제시카, 칠레 사람

⑥

아흐마드, 프랑스 사람

**2** 친구들의 이름하고 나라를 알아요? 친구하고 이야기해 봐요.
你知道朋友的名字和国家吗? 跟朋友聊一聊。

직업 职业

회사원

학생

선생님

의사

가수

운동선수

**1** 다음과 같이 이야기해 봐요.
围绕以下内容聊一聊。

> 가 학생이에요?
> 나 네, 학생이에요.

> 가 선생님이에요?
> 나 아니요, 운동선수예요.

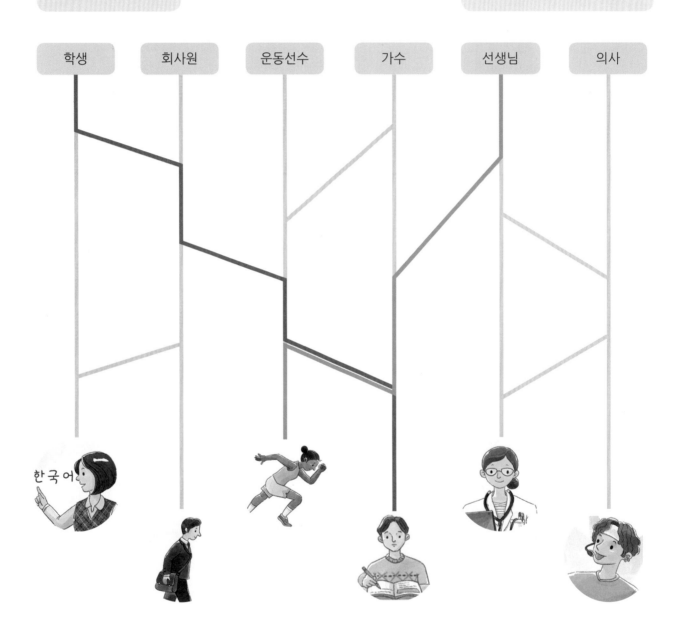

학생　　회사원　　운동선수　　가수　　선생님　　의사

## 2 다음과 같이 이야기해 봐요.
围绕以下内容聊一聊。

①

가 직업이 무엇이에요?

나 저는 의사예요.

②

③

④

⑤

- 직업을 물어볼 때는 이렇게 말해요.
  询问职业时可以这样说。
  '직업이 무엇이에요?'

## 3 친구의 직업을 알아요? 친구하고 이야기해 봐요.
你知道朋友的职业吗? 跟朋友聊一聊。

한 번 더 연습해요 再练习一遍

**1** 다음 대화를 들어 보세요.
듣듣下面的对话。

1) 두 사람의 이름이 무엇이에요?
   两个人的名字叫什么?

2) 남자는 어느 나라 사람이에요?
   男人是哪国人?

3) 두 사람은 지금 무엇을 해요?
   两个人正在做什么?

**2** 다음 대화를 연습해 보세요.
练习下面的对话。

 안녕하세요? 저는 김지아예요.

안녕하세요? 저는 다니엘이에요.

 어느 나라 사람이에요?

저는 독일 사람이에요.
지아 씨, 학생이에요?

 네, 학생이에요.

**3** 여러분도 이야기해 보세요.
大家也聊一聊。

1) 가

| 최슬기 |
| 한국 |

나

| 아흐마드 |
| 사우디아라비아 |

2) 가

| 류헤이 |
| 회사원 |

나

| 제시카 |
| 선생님 |

3) 가

| 나탈리 |
| 브라질 |
| 의사 |

나

| 이종국 |
| 한국 |
| 운동선수 |

이제 해 봐요 现在试一试

 들어요

**1** 다음은 처음 만난 두 사람의 대화입니다. 잘 듣고 질문에 답해 보세요.
下面是两个初次见面的人之间的对话。请认真听，然后回答问题。

1) 어느 나라 사람이에요?
他们是哪国人?

| 타넷 | |
|---|---|
| ☐ 태국 | ☐ 베트남 |

| 빅토리아 | |
|---|---|
| ☐ 미국 | ☐ 영국 |

2) 직업이 무엇이에요?
职业是什么?

| 타넷 | |
|---|---|
| ☐ 의사 | ☐ 학생 |

| 빅토리아 | |
|---|---|
| ☐ 학생 | ☐ 회사원 |

 읽어요

**1** 자기소개 글을 읽고 질문에 답해 보세요.
读一读下面的自我介绍，然后回答问题。

A
안녕하세요?
저는 이현수예요.
한국 사람이에요.
고려대학교 학생이에요.

B
저는 노엘라 그린이에요.
프랑스 사람이에요.
저는 가수예요.
만나서 반갑습니다.

1) 이름이 무엇이에요? 他叫什么名字?

A

B

2) 어느 나라 사람이에요? 是哪国人?

A

B

3) 학생이에요? 是学生吗?

A

B

말해요

**1** 친구들하고 인사해 보세요.
跟朋友们打个招呼。

1) 무엇을 이야기해요? 생각해 보세요.
　요 要说些什么? 请想一想。

2) 친구하고 이야기하세요.
　　跟朋友聊一聊。

써요

**1** 자기소개 글을 써 보세요.
写一份自我介绍。

1) 무엇을 써요? 메모하세요.
写些什么？请记下来。

2) 메모한 내용을 문장으로 쓰세요.
把记下来的内容写成句子。

| 이름 | 저는 마이클이에요. |
| --- | --- |
| 나라 | 저는 미국 사람이에요. |
| 직업 | |

3) 위의 내용을 바탕으로 글을 쓰세요.
以上面的内容写一篇短文。

## 문화 어서 오세요! 한국 欢迎来到韩国！

● 여러분은 한국을 알아요? 한국에 가 봤어요? 한국은 어디에 있을까요?
   大家知道韩国吗？ 去过韩国吗？ 韩国在哪里呢？

아시아

한국

韩国(Korea)的另一个名字叫做大韩民国(Republic of Korea)，通常在其他国家也被叫做南韩(South Korea)。韩国位于亚洲大陆东北部的韩半岛中南部。

● 한국 사람은 무슨 말을 해요?
   韩国的西面是中国，东面是日本，韩国的首都是首尔。

韩国的通用语是韩国语，韩国人使用一种叫做韩文(Hangeul)的文字。

● 여러분 나라에서는 어떤 말을 해요? 그리고 어떤 글자를 사용해요?
   大家的国家使用怎样的语言？ 又使用怎样的文字呢？

자기 평가
自我评价

이번 과 공부는 어땠어요? 별점을 매겨 보세요!
这一课学习得如何？ 请用星星打个分！

처음 만난 사람과 인사를 할 수 있어요?   ☆☆☆☆☆

# 2

# 일상생활 I

日常生活 I

021

### 생각해 봐요 想一想

**1** 웨이 씨는 무엇을 해요?
王伟在做什么?

**2** 여러분은 무엇을 해요?
大家在做什么?

### 학습 목표 学习目标

**무엇을 하는지 묻고 답할 수 있다.**
能对在做什么进行提问和回答。

- 동작, 물건
- 을/를, -아요/어요/여요

배워요 学一学

**1** 다음과 같이 이야기해 봐요.
围绕以下内容聊一聊。

**2** 무엇을 해요? 친구하고 이야기해 봐요.
在做什么? 跟朋友聊一聊。

물건 物品

책　공책　볼펜　가방

옷

텔레비전

물　우유　커피

휴대폰
핸드폰　빵　과자

우산

• 텔레비전은 일상 대화에서 티브이(TV)로도 많이 말해요.
　在日常对话中通常将 '텔레비전' 说成 '티브이(TV)'.

**1** 다음과 같이 이야기해 봐요.
围绕以下内容聊一聊。

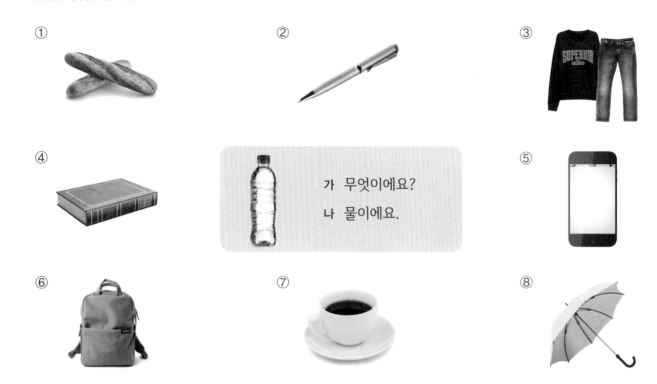

① ② ③

④
가 무엇이에요?
나 물이에요.
⑤

⑥ ⑦ ⑧

**2** 친구하고 물건 이름을 묻고 대답해 봐요.
跟朋友对物品的名称进行提问和回答。

**3**

무엇을 먹어요?

과자를 먹어요.

1) 가 무엇을 사요?
   나 우유를 사요.

2) 가 무엇을 해요?
   나 영화를 봐요. 电影

3) 가 책을 읽어요?
   나 아니요, 음악을 들어요.
   音乐

4) 가 무엇을 해요?
   나 공부를 해요.

- '공부해요'는 '공부를 해요'로도 말할 수 있어요.
  '공부해요' 也可以说成 '공부를 해요'。

| 을/를 | ▼ | 🔍 |

- 문장의 목적어임을 나타낸다.
  表示句子的宾语。

| 받침이 있을 때 | 을 | 물을 |
|---|---|---|
| 받침이 없을 때 | 를 | 우유를 |

**1** 무엇을 사요? 이야기해 봐요.
  买什么? 说说看。

① ② ③ ④

⑤ ⑥ ⑦ ⑧

**2** 다음과 같이 이야기해 봐요.
围绕以下内容聊一聊。

①

②

③

④

가  무엇을 해요?

나  우유를 사요.

⑤

⑥

⑦

⑧

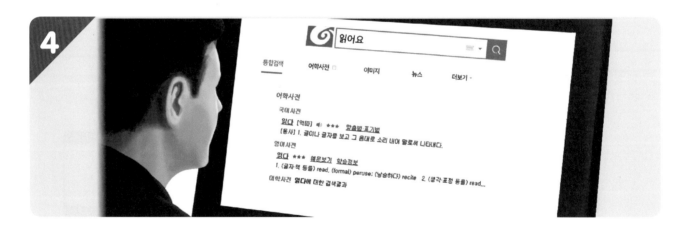

1)  가  과자를 먹어요?

　　나  아니요, 빵을 먹어요.

2)  가  오늘 무엇을 해요?　　今天

　　나  친구를 만나요.

3)  가  음악을 들어요?

　　나  아니요, 책을 읽어요.

| | | |
|---|---|---|
| -아요/어요/여요 | ▼ | 🔍 |

- 한국어의 동사와 형용사는 기본형의 어간에 활용형 어미를 붙여 사용한다.
  韩国语中的动词和形容词是在原形词干上添加活用形词尾来使用的。
  읽다 → 읽어요

- '-아요/어요/여요'는 문장을 끝맺는 기능을 한다. 일상적이고 비격식적인 상황에서 사용한다.
  '-아요/어요/여요' 起到终结句子的作用。用于日常非正式的场合。

| 'ㅏ/ㅗ'일 때 | -아요 | 살아요<br>놀아요 |
|---|---|---|
| 'ㅏ/ㅗ'가 아닐 때 | -어요 | 먹어요<br>읽어요 |
| '하다'일 때 | -여요 | 하여요 ➡ 해요 |

## 1 다음을 연결해 봐요.
将下面的内容连接起来。

### dictionary

놀다 [놀다]  •                    •  봐요

먹다 [먹따]  •                    •  먹어요

보다 [보다]  •                    •  만나요

만나다 [만나다]  •                •  놀아요

## 2 다음과 같이 이야기해 봐요.
围绕以下内容聊一聊。

| 놀다 | 먹다 | 말하다 |
|---|---|---|
| 가 놀아요?<br>나 네, 놀아요. | 가 먹어요?<br>나 네, 먹어요. | 가 말해요?<br>나 네, 말해요. |

① 살다 ↰生活      ① 읽다            ① 공부하다

② 가다            ② 쉬다            ② 운동하다

③ 보다            ③ 듣다            ③ 전화하다

④ 오다            ④ 마시다          ④ 일하다

**3** 다음과 같이 이야기해 봐요.
围绕以下内容聊一聊。

텔레비전을 보다

가  텔레비전을 봐요?
나  네, 텔레비전을 봐요.

음악을 듣다

가  음악을 들어요?
나  아니요, 텔레비전을 봐요.

① 책을 읽다

② 우유를 마시다

③ 음악을 듣다

④ 옷을 사다

⑤ 빵을 먹다

⑥ 운동을 하다

⑦ 친구하고 놀다

- '하고'는 함께 함을 나타내요.
  '하고' 表示 '与……一起'。
  친구하고 이야기해요.

**4** 여러분은 오늘 무엇을 해요? 친구하고 이야기해 봐요.
大家今天做什么? 跟朋友聊一聊。

#  한 번 더 연습해요 再练习一遍

**1** 다음 대화를 들어 보세요. 022
听听下面的对话。

1) 지아 씨는 오늘 무엇을 해요?
智雅今天做什么?

2) 웨이 씨는 운동을 해요?
王伟在运动吗?

**2** 다음 대화를 연습해 보세요.
练习下面的对话。

 지아 씨, 오늘 무엇을 해요?

친구를 만나요.
웨이 씨는 무엇을 해요?

 저는 운동을 해요.

**3** 여러분도 이야기해 보세요.
大家也聊一聊。

1) | 가 | 한국어, 공부하다 | 나 | 친구, 만나다 |

2) | 가 | 옷, 사다 | 나 | 쉬다 |

3) | 가 | 친구하고 놀다 | 나 | 일하다 |

이제 해 봐요 现在试一试

 들어요

**1** 다음은 두 사람의 대화입니다. 잘 듣고 질문에 답해 보세요.

下面是两人的对话，请认真听，然后回答问题。

1) 카밀라 씨는 무엇을 해요?

卡米拉在做什么？

①  ②  ③  ④

2) 다니엘 씨는 무엇을 마셔요?

丹尼尔在喝什么？

①  ②  ③

 말해요

**1** 여러분은 오늘 무엇을 해요? 친구하고 이야기해 보세요.

大家今天做什么？跟朋友聊一聊。

1) 무엇을 해요? 생각해 보세요.

做什么？请想一想。

2) 친구하고 이야기하세요.
跟朋友聊一聊。

**1** 다음은 미아 왓슨 씨의 글입니다. 잘 읽고 질문에 답해 보세요.
下面是米娅沃森的短文，请仔细阅读，然后回答问题。

읽어요

> 저는 미아 왓슨이에요. 학생이에요. 저는 오늘 친구를 만나요. 친구하고 공부를 해요.
>
> 커피를 마셔요.

1) 미아 씨는 무엇을 해요? 모두 고르세요.
米娅在做什么？请全部选出来。

2) 미아 씨의 직업이 무엇이에요?
米娅的职业是什么？

써요

**1** 오늘 무엇을 해요? 써 보세요.
今天做什么？请写出来。

1) 무엇을 해요? 메모하세요.
做什么？请记下来。

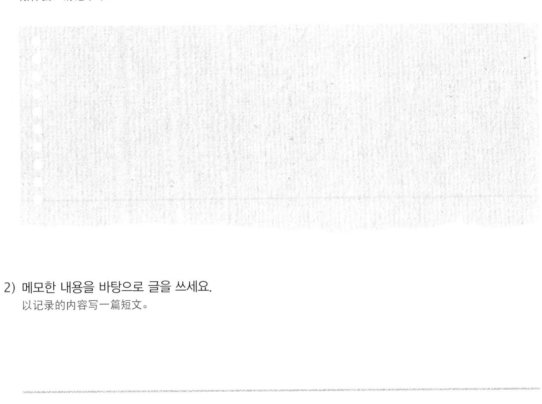

2) 메모한 내용을 바탕으로 글을 쓰세요.
以记录的内容写一篇短文。

# 발음 **연음 1** 连音 1

- 밑줄 친 부분의 발음에 주의하면서 다음을 들어 보세요.
  请注意划线部分的发音，听听下面的内容。

1)
> 가 직업이 무엇이에요?
> 나 저는 회사원이에요.

2)
> 가 무엇을 해요?
> 나 음악을 들어요.

 收音后面若出现以母音开始的音节，则收音将变成后面音节的初始发音。

- 다음을 읽어 보세요.
  请读出下列内容。

> 1) 독일 사람이에요.
> 2) 선생님이 가요.
> 3) 빵을 먹어요.
> 4) 공책을 줘요.
> 5) 이름이 무엇이에요?
> 6) 저는 이종국이에요.

- 들으면서 확인해 보세요.
  一边听一边进行确认。

 **자기 평가**
自我评价

이번 과 공부는 어땠어요? 별점을 매겨 보세요!
这一课学习得如何？请用星星打个分！

| 무엇을 하는지 묻고 답할 수 있어요? |  |

# 3

# 일상생활 II

日常生活 II

생각해 봐요 _想一想_  031

**1** 두엔 씨는 한국어 공부가 어때요?
杜安觉得韩国语的学习如何?

**2** 여러분은 한국어 공부가 어때요?
大家觉得韩国语的学习如何?

학습 목표 _学习目标_

**무엇이 어떤지 묻고 답할 수 있다.**
可以对某事物状态如何进行提问和回答。

- 상태, 학교
- 이/가, 한국어의 문장 구조

# 배워요 学一学

**상태** 状态

재미있다 · 재미없다

맛있다 · 맛없다

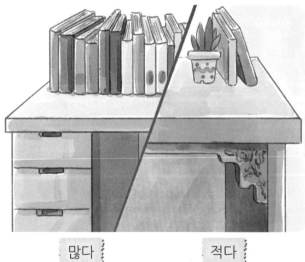

많다 · 적다

크다 · 작다

좋다　　나쁘다　　싸다　　비싸다

쉽다　　어렵다　　예쁘다　　멋있다

아프다　　바쁘다　　있다　　없다

• '어때요?'로 물으면 '있어요', '없어요'로는 대답할 수 없어요.
　用 '어때요?(怎么样?)' 提问时，不能用 '있어요(有)'、'없어요(没有)' 来作答。

**1** 다음과 같이 이야기해 봐요.
围绕以下内容聊一聊。

① 맛있다 ⌒    ② 재미없다 ⌒    ③ 쉽다 ⌒    ④ 예쁘다 ⌒

⑤ 많다 ✕    ⑥ 크다 ✕    ⑦ 싸다 ✕    ⑧ 어렵다 ✕

**2** 어때요? 친구하고 이야기해 봐요.
怎么样? 跟朋友聊一聊。

① 한국어 공부    ② 선생님    ③ 학교    ④

1) 가 한국어 책이 많아요?
   나 네, 한국어 책이 많아요.

2) 가 학교가 어때요?
   나 학교가 정말 커요.
   └→ 真的

3) 가 오늘 지아 씨가 와요?

나 아니요, 하준 씨가 와요.

4) 가 무엇이 맛있어요?

나 과자가 맛있어요.

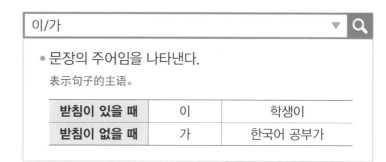

이/가

• 문장의 주어임을 나타낸다.
表示句子的主语。

| 받침이 있을 때 | 이 | 학생이 |
|---|---|---|
| 받침이 없을 때 | 가 | 한국어 공부가 |

**1** 다음과 같이 이야기해 봐요.
围绕以下内容聊一聊。

① 작다

② 맛없다

③ 크다

④ 멋있다

⑤ 아프다

⑥ 예쁘다

비싸다

가 휴대폰이 어때요?

나 휴대폰이 비싸요.

**2** 여러분의 휴대폰, 가방, 한국어 책이 어때요? 친구하고 이야기해 봐요.
大家的手机，包和韩语书怎么样？跟朋友聊一聊。

**학교** 学校

교실    사무실    화장실

**1** 무엇이 어때요? 다음과 같이 이야기해 봐요.
什么东西怎么样？围绕以下内容聊一聊。

① ② ③ ④ ⑤

크다    나쁘다    예쁘다    재미없다    비싸다    많다

가 시계가 어때요?
나 시계가 커요.
- - - - - - - - - - - - - - - - - - - - - - - - - - - -
가 시계가 어때요?
나 시계가 비싸요.

→我们
**2** 우리 교실이 어때요? 무엇이 많아요? 무엇이 좋아요?
我们的教室怎么样？什么东西多？什么东西好？

**3** 여러분은 무엇이 많아요? 무엇이 적어요? 친구하고 이야기해 봐요.

大家什么东西多? 什么东西少? 跟朋友聊一聊。

---

**4** 한국어의 문장 구조  韩国语的句子结构 ▼ 🔍

- 한국어는 명사 뒤에 붙는 '이/가', '을/를'과 같은 조사와 동사, 형용사 뒤에 붙는 '-아요/어요/여요'와 같은 어미가 문장을 형성하는 기능을 한다.

  韩国语中, 名词后加 '이/가' 或 '을/를' 等助词, 动词或形容词后加 '아요/어요/여요' 等词尾起到形成句子的功能。

- 한국어의 문장은 주어가 문장의 앞에, 서술어가 문장의 끝에 오는 주어 – 목적어 – 서술어의 순서로 구성된다.

  韩国语的句子是主语在句首, 谓语在句尾, 按照主语-宾语-谓语的顺序而构成。

| ① 명사+이/가 (주어) | 형용사 (서술어) | 가방이 작아요. <br> 친구가 많아요. |
| ② 명사+이/가 (주어) | (자)동사 (서술어) | 다니엘 씨가 자요. <br> 선생님이 쉬어요. |
| ③ 명사+이/가 (주어)  명사+을/를 (목적어) | (타)동사 (서술어) | 다니엘 씨가 친구를 만나요. <br> 선생님이 책을 읽어요. |

---

1) 가 텔레비전이 재미있어요?

   나 네, 텔레비전이 재미있어요.

2) 가 한국어 공부가 어려워요?

   나 아니요, 한국어 공부가 쉬워요.

3) 가 카밀라 씨가 무엇을 해요?

   나 전화를 해요.

4) 가 지금 웨이 씨가 음악을 들어요?  ⌐现在

   나 아니요, 두엔 씨가 음악을 들어요. 웨이 씨는 자요.

## 1 다음과 같이 문장을 만들고 친구하고 이야기해 봐요.
试着按如下方式造句，并跟朋友聊一聊。

| | |
|---|---|
| 웨이 씨 | 컴퓨터 |
| 카밀라 씨 | 옷 |
| 친구 | 가방 |
| 선생님 | 돈 |
| ⋮ | 음악 |
| | 한국어 책 |
| | ⋮ |

| | |
|---|---|
| 사다 | 많다 |
| 만나다 | 크다 |
| 보다 | 비싸다 |
| 주다 | 어렵다 |
| 듣다 | 좋다 |
| 전화하다 | 재미있다 |
| 자다 | 예쁘다 |
| 쉬다 | 바쁘다 |
| ⋮ | ⋮ |

| 한국어 책 이 재미있어요 . | 웨이 씨 가 가방 을 사요 . |
|---|---|
| 가 한국어 책이 어때요? | 가 웨이 씨가 무엇을 해요? |
| 나 한국어 책이 재미있어요. | 나 웨이 씨가 가방을 사요. |

① _____ 이/가 _____ .

② _____ 이/가 _____ .

③ _____ 이/가 _____ .

④ _____ 이/가 _____ .

⑤ _____ 이/가 _____ .

⑥ _____ 이/가 _____ 을/를 _____ .

⑦ _____ 이/가 _____ 을/를 _____ .

⑧ _____ 이/가 _____ 을/를 _____ .

**2** 교실 물건이 어때요? 친구가 무엇을 해요? 그림을 보고 이야기해 봐요.
教室里的物品怎么样? 朋友在做什么? 请看图说一说。

**3** 여러분 교실의 물건이 어때요? 친구가 무엇을 해요? 친구하고 이야기해 봐요.
大家教室里的物品怎么样? 朋友在做什么? 请聊一聊。

# 한 번 더 연습해요 再练习一遍

**1** 다음 대화를 들어 보세요. (032)
听听下面的对话。

1) 웨이 씨는 지금 무엇을 해요?
王伟现在在做什么?

2) 카밀라 씨는 오늘 무엇을 해요?
卡米拉今天做什么?

**2** 다음 대화를 연습해 보세요.
练习下面的对话。

 웨이 씨, 지금 무엇을 해요?

영화를 봐요.

 영화가 어때요?

재미있어요.
카밀라 씨는 오늘 무엇을 해요?

 친구를 만나요.

**3** 여러분도 이야기해 보세요.
大家也聊一聊。

1)

| 가 | 운동, 하다 | 나 | 한국어 공부, 하다 | 쉽다 |

2)

| 가 | 휴대폰, 사다 | 나 | 과자, 먹다 | 맛있다 |

3)

| 가 | 친구하고 놀다 | 나 | 한국 음악, 듣다 | 좋다 |

이제 해 봐요 现在试一试

들어요

**1** 다음은 두 사람의 대화입니다. 잘 듣고 질문에 답해 보세요. 033
下面是两人的对话，请认真听，然后回答问题。

1) 웨이 씨는 오늘 무엇을 해요?
王伟今天做什么?

①     ②     ③

2) 들은 내용과 같으면 ○, 다르면 ✕에 표시하세요.
与听到的内容一致时用 ○，不同时用 ✕ 表示。

① 웨이 씨는 한국 친구가 적어요.    [○] [✕]

② 두엔 씨는 한국 친구가 없어요.    [○] [✕]

말해요

**1** 여러분은 오늘 무엇을 해요? 친구하고 이야기해 보세요.
大家今天做什么? 跟朋友聊一聊。

1) 여러분은 오늘 무엇을 해요? 어때요? 생각해 보세요.
大家今天做什么? 怎么样? 请想一想。

2) 우리 반 친구들은 무엇을 해요? 어때요? 친구하고 이야기하세요.
我们班同学做什么? 怎么样? 跟朋友聊一聊。

**1** 다음은 친구들의 일기입니다. 잘 읽고 질문에 답해 보세요.

下面是朋友们的日记，请仔细阅读，然后回答问题。

| 나쓰미 | 저는 오늘 친구를 만나요. 친구하고 커피를 마셔요. |
| 다니엘 | 저는 회사원이에요. 오늘 일이 많아요. 바빠요. |
| 무함마드 | 저는 휴대폰이 없어요. 오늘 휴대폰을 사요. |

1) 나쓰미 씨는 오늘 무엇을 해요?

夏美今天做什么?

① 일을 해요.　　② 학교에 가요.　　③ 친구를 만나요.

2) 다니엘 씨는 오늘 어때요?

丹尼尔今天怎么样?

3) 무함마드 씨는 오늘 무엇을 사요?

穆罕默德今天买什么?

① 　　② 　　③

써요

**1** 여러분도 일기를 써 보세요.
大家也试着写一篇日记。

1) 여러분은 오늘 무엇을 해요? 생각해 보세요.
大家今天做什么? 请想一想。

2) 생각한 내용을 바탕으로 글을 쓰세요.
以想到的内容写一篇短文。

## 발음 **연음 2** 连音 2

● 밑줄 친 부분의 발음에 주의하면서 다음을 들어 보세요.
请注意划线部分的发音，听听下面的内容。

1)
> 가 한국 친구가 있어요?
>
> 나 아니요, <u>없어요</u>.

2)
> 가 무엇을 해요?
>
> 나 책을 <u>읽어요</u>.

 /ㄵ/, /ㄿ/, /ㄼ/, /ㅄ/等复收音后面若出现以母音开始的音节，则复收音中的前者将成为前面音节的收音而发音，后者则成为后面音节的初始音而发音。

● 다음을 읽어 보세요. 请读出下列内容。

> 1) 지우개가 없어요.
>
> 2) 텔레비전이 재미없어요.
>
> 3) 책을 읽으세요.
>
> 4) 여기 앉으세요.
>
> 5) 달이 밝아요.
>
> 6) 교실이 넓어요.

● 들으면서 확인해 보세요. 一边听一边进行确认.

 이번 과 공부는 어땠어요? 별점을 매겨 보세요!
这一课学习得如何？请用星星打个分！

무엇이 어떤지 묻고 답할 수 있어요?

# 4

# 장소

## 场所

041

🔆 **생각해 봐요** 想一想

**1** 카밀라 씨는 지금 어디에 가요?
卡米拉现在去哪儿?

**2** 여러분은 오늘 어디에 가요?
大家今天去哪儿?

🚲 **학습 목표** 学习目标

**어디에서 무엇을 하는지 묻고 답할 수 있다.**
能对在某处做某事进行提问和回答。

● 장소

● 에 가다, 에서, 지시 표현[이, 그, 저]

# 배워요 学一学

**1**

어디에 가요?

학교에 가요.

1) 가 어디에 가요?
   나 화장실에 가요.

2) 가 교실에 가요?
   나 아니요, 사무실에 가요.

에 가다 ▼ 🔍

● 목적지로의 이동을 나타낸다.
  表示去往目的地。

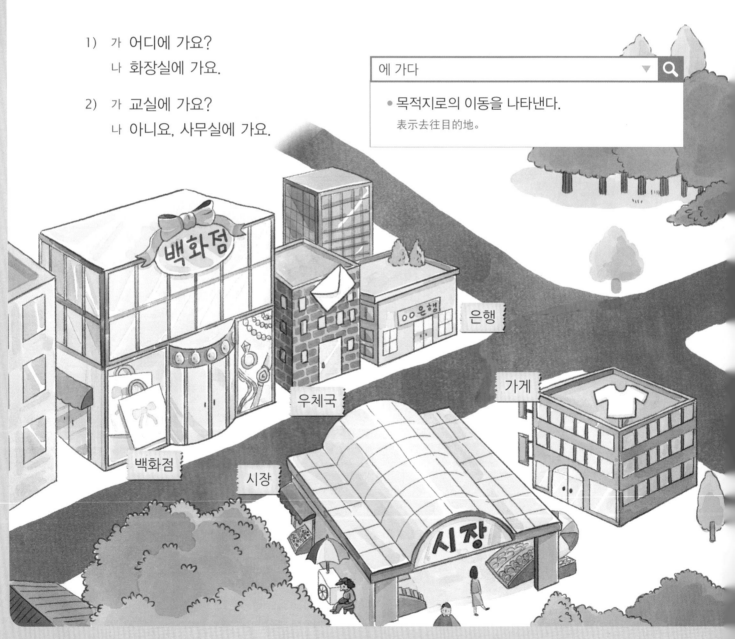

백화점

우체국

은행

가게

백화점

시장

시장

<br>

**2** 장소 场所 ▽ 🔍

공항

영화관

식당

약국

카페

병원

공원

편의점

24

회사

학교

도서관

집

**1** 다음과 같이 이야기해 봐요.
围绕以下内容聊一聊。

가 어디에 가요?

나 식당에 가요.

①

②

③

④

⑤

⑥

⑦

⑧

⑨

⑩

⑪

⑫

**2** 오늘 어디에 가요? 친구하고 이야기해 봐요.
今天去哪儿? 跟朋友聊一聊。

1) 가 웨이 씨, 어디에 가요?
   나 친구 집에 가요. 친구 집에서 게임을 해요.
   → 게임을 하다 玩游戏

2) 가 어디에서 옷을 사요?
   나 옷 가게에서 옷을 사요.

3) 가 지금 무엇을 해요?
   나 식당에서 밥을 먹어요.
   → 饭

---

- '밥을 먹어요'는 음식인 '밥을 먹어요'라는 의미도 있고 '식사를 해요'라는 의미도 있어요.
  '밥을 먹어요(吃饭)' 既表示吃 '米饭' 这种食物, 同时也用于表示 '用餐' 之意。
  가 지금 밥을 먹어요?
  나 네, 라면을 먹어요.

---

에서                                    ▼ 🔍

- 어떤 행위가 일어나는 장소임을 나타낸다.
  表示某种行为发生的场所。

**1** 다음과 같이 이야기해 봐요.
围绕以下内容聊一聊。

가 지금 무엇을 해요?

나 학교에서 한국어를 공부해요.

①

②

③

④

⑤

⑥

⑦

⑧

⑨

⑩

**2** 다음과 같이 이야기해 봐요.
围绕以下内容聊一聊。

→ 방

자다

커피를 마시다

음악을 듣다

쉬다

친구를 만나다

게임을 하다

친구하고 놀다

영화를 보다

일을 하다

책을 읽다

물을 사다

운동을 하다

밥을 먹다

| | |
|---|---|
| 가 카페에서 무엇을 해요? | 가 카페에서 무엇을 해요? |
| 나 카페에서 책을 읽어요. | 나 카페에서 친구를 만나요. |

**3** 여러분은 '공원'에서, '백화점'에서 무엇을 해요? 그리고 '밥을 먹어요', '친구를 만나요'는 어디에서 해요?

大家在 '公园'、在 '百货商店' 做什么？ '吃饭'、'见朋友' 是在哪里进行的？

공원?

밥을 먹어요?

백화점?

친구를 만나요?

⋮

⋮

**4**

이 옷 예뻐요?

네, 예뻐요.

1) 가 이 책 어때요?

　나 재미있어요.

2) 가 저 사람 알아요? ↱ 알다 知道

　나 네, 우리 선생님이에요.

3) 가 여기에서 무엇을 해요?

　나 음악을 들어요. 저는 음악을 좋아해요. ↱ 좋아하다 喜欢

4) 가 어디에 가요?

　나 명동에 가요.

　가 거기에서 무엇을 해요?

　나 쇼핑해요.

　　↳ 쇼핑하다 购物

| 지시 표현[이, 그, 저] 指称语(이, 그, 저(这，那，那)) | ▽ 🔍 |
|---|---|

- '이 책, 그 사람, 저 식당'과 같이 '이, 그, 저 + 명사'의 형태로 쓰여 사물이나 사람, 장소를 지시한다.
  '이 책、그 사람、저 식당'等以'이、그、저 + 名词'形式出现，指示事物，人或场所。

- '이'는 화자에게 가까운 경우, '그'는 청자에게 가까운 경우, '저'는 화자와 청자에게서 모두 먼 경우에 사용한다.
  '이'用于距离说者较近的情况，'그'用于距离听者较近的情况，'저'用于距离说者与听者都较远的情况。

## 1 다음과 같이 이야기해 봐요.
围绕以下内容聊一聊。

가 [ 그 빵 ] 어때요?

나 맛있어요.

①

가 [＿＿＿＿＿] 누구예요?

나 마이클 씨예요.

②

가 [＿＿＿＿＿] 비싸요?

나 아니요, 싸요.

③

가 [＿＿＿＿＿] 무엇을 해요?

나 책을 읽어요.

④

가 [＿＿＿＿＿] 무엇을 해요?

나 쉬어요.

⑤

가 어디에서 친구를 만나요?

나 [　　　　　　　] 만나요.

⑥

가 어디에 가요?

나 시장에 가요.

가 [　　　　　　　] 무엇을 해요?

나 옷을 사요.

**2** 교실에 무엇이 있어요? 어때요? 다음과 같이 친구하고 이야기해 봐요.

大家周围都有什么？ 怎么样？ 跟朋友聊一聊下面的内容。

가 이 볼펜 어때요?
나 좋아요.

가 저 시계 어때요?
나 커요.

**3** 오늘 어디에 가요? 거기에서 무엇을 해요? 친구하고 이야기해 봐요.

今天去哪儿？ 在那里做什么？ 跟朋友聊一聊。

한 번 더 연습해요 再练习一遍

**1** 다음 대화를 들어 보세요. 听听下面的对话.

1) 카밀라 씨는 오늘 어디에 가요?
   卡米拉今天去哪里?

2) 하준 씨는 오늘 무엇을 해요?
   夏俊今天做什么?

**2** 다음 대화를 연습해 보세요. 练习下面的对话.

 카밀라 씨, 오늘 어디에 가요?

백화점에 가요.

 거기에서 무엇을 해요?

안경을 사요.
하준 씨는 오늘 무엇을 해요?

 저는 공항에 가요.
공항에서 친구를 만나요.

**3** 여러분도 이야기해 보세요. 大家也聊一聊.

1)
| 가 | 영화관 | 영화, 보다 | 나 | 백화점 | 가방, 사다 |

2)
| 가 | 공원 | 친구, 놀다 | 나 | 도서관 | 한국어, 공부하다 |

3)
| 가 | 집 | 쉬다 | 나 | 회사 | 일, 하다 |

# 이제 해 봐요 现在试一试

들어요

**1** 다음은 두 사람의 대화입니다. 잘 듣고 질문에 답해 보세요.
下面是两人的对话，请认真听，然后回答问题。

1) 두 사람은 어디에 가요?
两个人去哪里?

| 웨이 | | 두엔 | |
|---|---|---|---|

2) 웨이 씨는 오늘 무엇을 해요?
王伟今天做什么?

읽어요

**1** 다음은 카밀라 씨의 글입니다. 잘 읽고 질문에 답해 보세요.
下面是卡米拉写的短文。请仔细阅读，然后回答问题。

저는 카페에 가요. 거기에서 커피를 마셔요. 커피가 맛있어요. 저는 커피를 좋아해요.
카페에서 음악을 들어요. 친구를 만나요. 친구하고 한국어를 공부해요.

1) 카밀라 씨는 어디에 가요?
卡米拉去哪里?

2) 그곳에서 카밀라 씨는 무엇을 해요? 모두 고르세요.
卡米拉在那个地方做什么? 请全部选出来。

**1** 여러분은 오늘 어디에 가요? 친구하고 이야기해 보세요.
大家今天去哪里? 跟朋友聊一聊。

1) 어디에 가요? 거기에서 무엇을 해요? 생각해 보세요.
去哪里? 在那里做什么? 请想一想。

2) 친구하고 이야기하세요.
跟朋友聊一聊。

**써요**

**1** 여러분은 보통 어디에 가요? 글을 써 보세요.

大家通常去哪里？写一篇短文。

1) 보통 어디에 가요? 거기에서 무엇을 해요? 메모하세요.

通常去哪里？在那里做什么？请记下来。

어디에 가요?

어때요?

무엇을 해요?

2) 메모한 내용을 바탕으로 글을 쓰세요.

以记录的内容写一篇短文。

_____

_____

_____

_____

_____

# 문화 한국 구경을 떠나 볼까요? 游览韩国，我们出发吧！

● 여러분은 한국의 어디 어디를 알아요? 한국의 대표 도시를 알아볼까요?
大家都知道韩国的哪些地方？ 让我们认识一下韩国的代表城市。

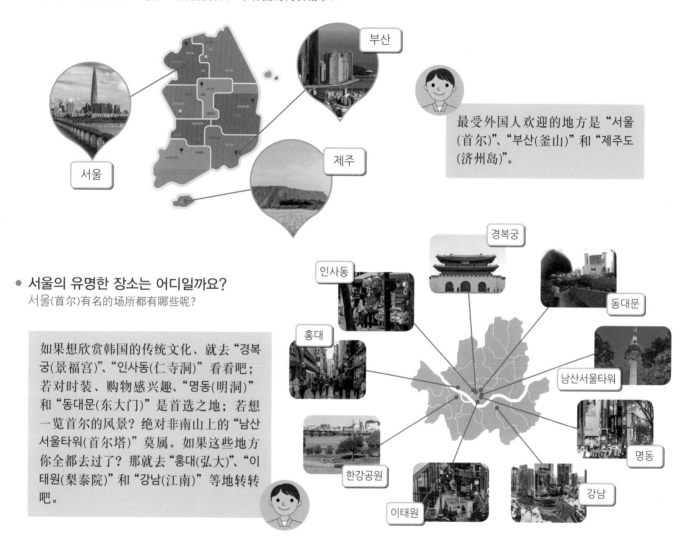

最受外国人欢迎的地方是"서울
(首尔)"、"부산(釜山)"和"제주도
(济州岛)"。

부산

서울

제주

● 서울의 유명한 장소는 어디일까요?
서울(首尔)有名的场所都有哪些呢？

如果想欣赏韩国的传统文化，就去"경복
궁(景福宮)"、"인사동(仁寺洞)"看看吧；
若对时装、购物感兴趣，"명동(明洞)"
和"동대문(东大门)"是首选之地；若想
一览首尔的风景？绝对非南山上的"남산
서울타워(首尔塔)"莫属。如果这些地方
你全都去过了？那就去"홍대(弘大)"、"이
태원(梨泰院)"和"강남(江南)"等地转转
吧。

경복궁

인사동

홍대

동대문

남산서울타워

한강공원

명동

이태원

강남

● 여러분 나라의 유명한 곳은 어디예요? 소개해 보세요.
大家的国家最有名的地方是哪里？ 请介绍一下。

이번 과 공부는 어땠어요? 별점을 매겨 보세요!
这一课学习得如何？ 请用星星打个分！

자기 평가
自我评价

| 어디에서 무엇을 하는지 묻고 답할 수 있어요? | ☆☆☆☆☆ |

# 우유 · 음료수 · 김밥 · 샌드위치

# 5

# 물건 사기

买东西

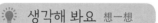

💡 **생각해 봐요** 想一想 **051**

**1** 여기는 어디예요?
这是哪里?

**2** 여러분은 편의점에서 무엇을 사요?
大家在便利店买什么?

🚲 **학습 목표** 学习目标

**물건을 살 수 있다.**
能购买物品。

- 가게 물건, 고유어 수, 한자어 수
- 이/가 있다/없다
- 물건 사기

# 배워요 学一学

무엇을 사요?

라면을 사요.

**가게 물건** 商店物品

커피　콜라　주스　우유　물

초콜릿　빵

아이스크림

라면　과자　사탕　김밥

칫솔　비누

치약　샴푸　휴지

**1** 다음과 같이 이야기해 봐요.
围绕以下内容聊一聊。

가 무엇을 사요?

나 과자를 사요.

①

② 

③

④ 라면
건조 김치
7% 함유

⑤

⑥

**2** 다음과 같이 이야기해 봐요.
围绕以下内容聊一聊。

가 무엇을 사요?

나 칫솔하고 휴지를 사요.

• 두 개의 명사를 나열할 때 '하고'를 사용해요.
罗列两个名词时用 '하고' 连接。

라면하고 콜라를 사요.

**3** 여러분은 오늘 무엇하고 무엇을 사요? 친구하고 이야기해 봐요.
大家今天做什么买什么？跟朋友聊一聊。

**2**

치약이 있어요?

네, 치약이 있어요.

1) 가 김밥이 있어요?
   나 아니요, 김밥이 없어요.

2) 가 무엇이 있어요?
   나 커피가 있어요.

3) 가 한국 친구가 많이 ─→ 多 있어요?
   나 아니요, 조금 있어요.
   └→ 一点儿

| 이/가 있다/없다 ▼ 🔍 |
| --- |
| ● 어떤 사물이나 사람, 일의 유무를 나타낸다.<br>表示某种事物或人、事情的有无。 |

**1** 다음과 같이 이야기해 봐요. 围绕以下内容聊一聊。

① 라면

② Colgate

③

④

가 무엇이 있어요?
나 빵이 있어요.

⑤ SOAP

⑥

⑦

⑧

**2** 다음과 같이 이야기해 봐요. 围绕以下内容聊一聊。

| 가 라면이 있어요? | 가 과자가 있어요? |
| --- | --- |
| 나 네, 라면이 있어요. | 나 아니요, 과자가 없어요. |

**3** 친구는 있어요? 없어요? 친구하고 이야기해 봐요.
有朋友吗? 没有吗? 跟朋友聊一聊。

**3**

우산이 몇 개 있어요?

한 개 있어요.

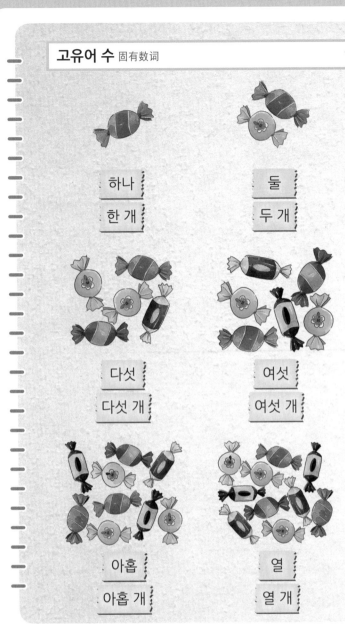

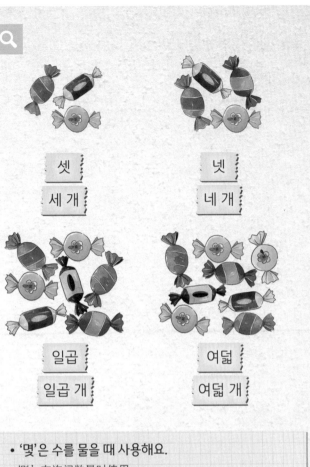

## 고유어 수 固有数词

하나
한 개

둘
두 개

셋
세 개

넷
네 개

다섯
다섯 개

여섯
여섯 개

일곱
일곱 개

여덟
여덟 개

아홉
아홉 개

열
열 개

- '몇'은 수를 물을 때 사용해요.
  '몇' 在询问数量时使用。
- '개'는 물건의 수를 셀 때 사용해요. '하나, 둘, 셋, 넷' 다음에 '개'가 오면 '한 개, 두 개, 세 개, 네 개'가 돼요.
  '개(个)' 用于表示物品的个数。'하나、둘、셋、넷(一、二、三、四)' 之后若有 '개(个)' 出现，则变成 '한 개、두 개、세 개、네 개(一个、两个、三个、四个)'。

**1** 다음과 같이 이야기해 봐요.
围绕以下内容聊一聊。

①

②

가 사탕을 몇 개 사요?

나 사탕을 한 개 사요.

③

④

⑤

⑥

달걀 / 계란

**2** 다음과 같이 이야기해 봐요.
围绕以下内容聊一聊。

①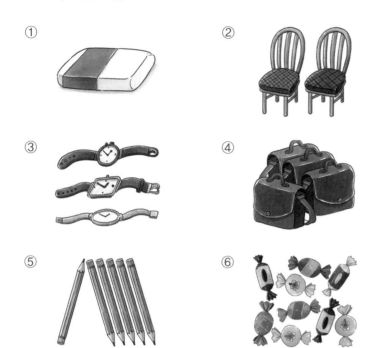

②

③

④

⑤

⑥

가 볼펜이 있어요?

나 네, 있어요.

가 볼펜이 몇 개 있어요?

나 한 개 있어요.

**3** 다음 물건이 있어요? 몇 개 있어요? 친구하고 이야기해 봐요.
有下面的物品吗? 有几个? 跟朋友聊一聊。

**4**

얼마예요?

천오백 원이에요.

- '10, 100, 1,000, 10,000, 100,000'은 '십, 백, 천, 만, 십만'으로 읽어요.
  '10、100、1,000、10,000、100,000' 读作 '십、백、천、만、십만(十、百、千、万、十万)'。

**1** 다음과 같이 이야기해 봐요.
围绕以下内容聊一聊。

① ₩ 500　　　② ₩ 1,000　　　③ ₩ 3,500

④ ₩ 4,000　　　⑤ ₩ 6,500　　　⑥ ₩ 7,000

⑦ ₩ 15,000　　　⑧ ₩ 90,000　　　⑨ ₩ 400,000

> ₩ 2,500
>
> 가　얼마예요?
> 나　이천오백 원이에요.

**2** 다음과 같이 이야기해 봐요.
围绕以下内容聊一聊。

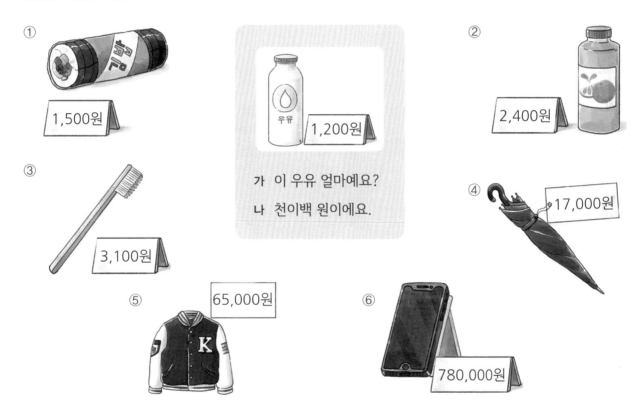

① 1,500원

우유 1,200원

가　이 우유 얼마예요?
나　천이백 원이에요.

② 2,400원

③ 3,100원

④ 17,000원

⑤ 65,000원

⑥ 780,000원

**3** 친구가 가지고 있는 물건의 가격을 물어봐요.
问一问朋友所拥有物品的价格。

## 1 그림을 보고 친구하고 이야기해 봐요.

看图跟朋友聊一聊。

- 다음 숫자를 소리 내어 읽어 봐요.

  读出下面的数字。

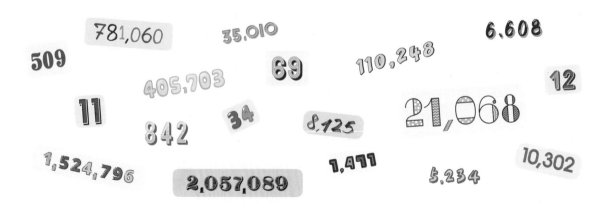

509
781,060
35,010
6,608
69
110,248
11
405,703
842
34
8,125
21,068
12
1,524,796
2,057,089
1,471
5,234
10,302

한 번 더 연습해요 再练习一遍

**1** 다음 대화를 들어 보세요. 052
听听下面的对话。

1) 두 사람은 지금 무엇을 해요?
两个人现在在做什么?

2) 여자는 무엇을 몇 개 사요? 얼마예요?
女人买什么东西? 买几个? 多少钱?

**2** 다음 대화를 연습해 보세요.
练习下面的对话。

 어서 오세요. 무엇을 드릴까요?

라면하고 콜라 있어요?

 네, 있어요.

라면 두 개하고 콜라 한 개 주세요.

 여기 있어요.

얼마예요?

 사천이백 원이에요.

**3** 여러분도 이야기해 보세요.
大家也聊一聊。

1) 가 12,600  나 치약 2, 비누 4

2) 가 8,400  나 아이스크림 3, 초콜릿 2

3) 가 23,100  나 휴지 6, 샴푸 1

4) 가 15,700  나 커피 5, 빵 2

이제 해 봐요 现在试一试

 들어요

**1** 다음은 가게에서의 대화입니다. 잘 듣고 질문에 답해 보세요.
下面是发生在商店里的对话。请认真听，然后回答问题。

1) 무엇을 몇 개 사요?
买什么东西，买几个?

 ①  ②  ③  ④

2) 얼마예요?
多少钱?

① 3,500원　　② 3,900원　　③ 4,500원　　④ 4,900원

 읽어요

**1** 다음은 가게에서 물건을 사고 받은 영수증입니다. 잘 읽고 질문에 답해 보세요.
下面是在商店买东西后收到的发票。请仔细阅读，然后回答问题。

| 상품 | 수량 | 가격 |
|------|------|------|
| 치약 | 1 | 2,500 |
| 칫솔 | 2 | 4,000 |
| 휴지 | 6 | 12,000 |
| 합계 | | 18,500 |

1) 무엇을 사요?
买什么东西?

2) 치약은 한 개에 얼마예요?
支牙膏多少钱?

3) 칫솔을 몇 개 사요?
买几支牙刷?

**1** 물건을 사는 대화를 해 보세요.
请围绕买东西展开对话。

1) 가게에 무엇이 있어요? 무엇을 사고 싶어요? 생각해 보세요.
商店里有什么？想买什么？请想一想。

A 여러분은 손님이에요. 무엇을 몇 개 사고 싶어요? 메모하세요.
大家是顾客，想买点什么，买几个？请记下来。

B 여러분은 점원이에요. 물건의 가격을 정하세요.
大家是店员，请确定物品的价格。

2) 손님과 점원이 되어 이야기하세요.
请扮成顾客与店员进行对话吧！

**써요**

**1** 여러분은 가게에서 무엇을 사요? 얼마예요? 써 보세요.

大家在商店里买什么? 多少钱? 请写下来。

1) 여러분은 가게에서 무엇을 자주 사요? 몇 개 사요? 메모하세요.

大家在商店里经常买什么? 买几个? 请记下来。

☆✿ 무엇을 사요?

☆✿ 어디에서 물건을 사요?

☆✿ 몇 개 사요?

☆✿ 얼마예요?

2) 메모한 내용을 바탕으로 글을 쓰세요.

以记录的内容写一篇短文。

# 문화 한국의 돈 韩国的货币

- 여러분은 한국의 화폐로 어떤 것이 있는지 알아요?
  大家知道韩国的货币都有哪些吗?

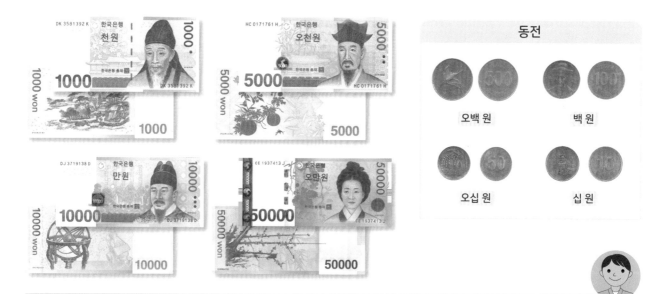

韩国的货币单位是韩元，以'₩'来表示。韩元有纸币和硬币，其中硬币有10韩元、50韩元、100韩元和500韩元面值，纸币有1,000韩元、5,000韩元、10,000韩元和50,000韩元面值。

- 한국 화폐에는 어떤 그림이 있을까요?
  韩国货币上面有哪些图案呢?

 韩国货币上绘有韩国的伟人和承载了历史意义的内容。

- 여러분 나라의 화폐에는 무엇이 그려져 있어요?
  大家的国家所使用的货币上都印有什么图案呢?

자기 평가
自我评价

이번 과 공부는 어땠어요? 별점을 매겨 보세요!
这一课学习得如何? 请用星星打个分!

| 물건을 살 수 있어요? |  |
|---|---|

# 정답

## 0과  한글

**04** 1) ①    2) ②    3) ①    4) ①
5) ②    6) ②    7) ①    8) ①

**06** 1) ②    2) ③    3) ②    4) ①
5) ②

**07** 1) 야    2) 보    3) 리    4) 휴
5) 누나    6) 아기

**08** 1) ①    2) ②    3) ①    4) ②
5) ①

**09** 가로수 – 수소 – 소나기 – 기자,
가르마 – 치마 – 치과 – 과자

**12** 1) ②    2) ①    3) ①    4) ①
5) ①

**14** 1) 꼬마    2) 조끼    3) 아빠    4) 짜리
5) 쓰레기   6) 머리띠

**15** 1) ②    2) ①    3) ②    4) ②
5) ①

**17** 1) 안    2) 달    3) 숲    4) 밥
5) 눈물   6) 수업    7) 감기    8) 딸기
9) 사랑   10) 우산

## 1과  인사

### 들어요

1)  **타넷**: 태국        **빅토리아**: 영국
2)  **타넷**: 학생        **빅토리아**: 회사원

### 읽어요

1)  **A** 이현수예요.        **B** 노엘라 그린이에요.
2)  **A** 한국 사람이에요.    **B** 프랑스 사람이에요.
3)  **A** 네, 학생이에요.     **B** 아니요, 가수예요.

## 2과  일상생활 I

### 들어요

1)  ②                     2)  ③

### 읽어요

1)  ②, ④, ⑤               2)  ③

## 3과  일상생활 II

### 들어요

1)  ①                     2)  ①         ② ✕

### 읽어요

1)  ③
2)  일이 많아요. 바빠요.
3)  ①

## 4과  장소

### 🎧 들어요

1) **웨이**: 친구 집에 가요    **두엔**: 사무실에 가요.
2) ③

### 📖 읽어요

1) 카페에 가요.
2) ①, ③, ⑤, ⑥

## 5과  물건 사기

### 🎧 들어요

1) ②                    2) ②

### 📖 읽어요

1) 치약, 칫솔, 휴지
2) 2,500원
3) 2개

# 듣기 지문

## **0과** 한글

### 모음 1

**01** ㅏ, ㅑ, ㅓ, ㅕ, ㅗ, ㅛ, ㅜ, ㅠ, ㅡ, ㅣ

**02**
1) ㅏ    2) ㅑ    3) ㅓ    4) ㅕ
5) ㅗ    6) ㅛ    7) ㅜ    8) ㅠ
9) ㅡ    10) ㅣ

### 자음 1

**03**
1) ㄱ    2) ㄴ    3) ㄷ    4) ㄹ
5) ㅁ    6) ㅂ    7) ㅅ    8) ㅇ
9) ㅈ    10) ㅊ    11) ㅋ    12) ㅌ
13) ㅍ    14) ㅎ

**04**
1) ㄱ    2) ㅂ    3) ㅅ    4) ㄴ
5) ㅎ    6) ㅓ    7) ㅗ    8) ㅡ

### 음절 1

**05**
1) 거    2) 어    3) 도    4) 러
5) 무    6) 보    7) 서    8) 우
9) 지    10) 추    11) 크    12) 트
13) 노    14) 표    15) 혀

**06**
1) 다    2) 후    3) 러    4) 도
5) 피

**07**
1) 야    2) 보    3) 리    4) 휴
5) 누나    6) 아기

**08**
1) 하루    2) 비지    3) 서로    4) 코리아
5) 아유미

**09** 가로수 – 수소 – 소나기 – 기자
가르마 – 치마 – 치과 – 과자

### 모음 2

**10** ㅐ, ㅒ, ㅔ, ㅖ, ㅘ, ㅙ, ㅚ, ㅝ, ㅞ, ㅟ, ㅢ

**11**
1) ㅐ    2) ㅒ    3) ㅔ    4) ㅖ
5) ㅘ    6) ㅙ    7) ㅚ    8) ㅝ
9) ㅞ    10) ㅟ    11) ㅢ

**12**
1) 놔    2) 기    3) 둬    4) 의
5) 돼

### 자음 2

**13**
1) 까    2) 띠    3) 뿌    4) 싸
5) 짜    6) 꼬    7) 뚜    8) 뻐

**14**
1) 꼬마    2) 조끼    3) 아빠    4) 짜리
5) 쓰레기    6) 머리띠

### 음절 2

**15**
1) 갈    2) 논    3) 박    4) 일
5) 숨

**16**
1) 책    2) 안    3) 문    4) 곧
5) 길    6) 물    7) 밤    8) 선생님
9) 밥    10) 수업    11) 가방    12) 만나요
13) 얼음    14) 입어요
15) 웃어요    16) 걸어와요

**17**
1) 안    2) 달    3) 숯    4) 밭
5) 눈물    6) 수업    7) 감기    8) 딸기
9) 사랑    10) 우산

## **1과** 인사

**011** 생각해 봐요

지아 안녕하세요? 저는 김지아예요.
다니엘 안녕하세요? 저는 다니엘이에요.

**138** 고려대 한국어 1A

**(012) 한 번 더 연습해요**

지아 안녕하세요? 저는 김지아예요.

다니엘 안녕하세요? 저는 다니엘이에요.

지아 어느 나라 사람이에요?

다니엘 저는 독일 사람이에요. 지아 씨, 학생이에요?

지아 네, 학생이에요.

**(013) 이제 해 봐요**

남 안녕하세요? 저는 타넷이에요.

여 안녕하세요? 저는 빅토리아예요. 타넷 씨는 베트남 사람이에요?

남 아니요, 저는 태국 사람이에요.

여 저는 영국 사람이에요. 타넷 씨, 학생이에요?

남 네, 학생이에요. 빅토리아 씨도 학생이에요?

여 아니요, 저는 회사원이에요.

## 2과   일상생활 I

**(021) 생각해 봐요**

카밀라 웨이 씨, 안녕하세요?

웨이 안녕하세요, 카밀라 씨.

카밀라 무엇을 해요?

웨이 음악을 들어요.

**(022) 한 번 더 연습해요**

웨이 지아 씨, 오늘 무엇을 해요?

지아 친구를 만나요. 웨이 씨는 무엇을 해요?

웨이 저는 운동을 해요.

**(023) 이제 해 봐요**

남 카밀라 씨, 지금 무엇을 해요?

여 음악을 들어요. 다니엘 씨는 커피를 마셔요?

남 아니요, 저는 우유를 마셔요.

## 3과   일상생활 II

**(031) 생각해 봐요**

웨이 두엔 씨, 무엇을 해요?

두엔 한국어 공부를 해요.

웨이 한국어 공부가 재미있어요?

두엔 네, 재미있어요.

**(032) 한 번 더 연습해요**

카밀라 웨이 씨, 지금 무엇을 해요?

웨이 영화를 봐요.

카밀라 영화가 어때요?

웨이 재미있어요. 카밀라 씨는 오늘 무엇을 해요?

카밀라 친구를 만나요.

**(033) 이제 해 봐요**

여 웨이 씨, 오늘 무엇을 해요?

남 한국 친구를 만나요. 친구하고 운동을 해요.

여 웨이 씨는 한국 친구가 많아요?

남 아니요, 적어요. 두엔 씨는 한국 친구가 많아요?

여 네, 저는 한국 친구가 많아요.

## 4과   장소

**(041) 생각해 봐요**

하준 카밀라 씨, 어디에 가요?

카밀라 카페에 가요.

**(042) 한 번 더 연습해요**

하준 카밀라 씨, 오늘 어디에 가요?

카밀라 백화점에 가요.

하준 거기에서 무엇을 해요?

카밀라 안경을 사요. 하준 씨는 오늘 무엇을 해요?

하준 저는 공항에 가요. 공항에서 친구를 만나요.

이제 해 봐요

여  웨이 씨, 집에 가요?

남  아니요, 친구 집에 가요.

여  거기에서 무엇을 해요?

남  친구하고 게임을 해요. 두엔 씨는 어디에 가요?

여  저는 사무실에 가요. 사무실에서 선생님을 만나요.

## 5 과  물건 사기

 생각해 봐요

웨이  우유가 있어요?

점원  네, 거기에 있어요.

## 한 번 더 연습해요

점원  어서 오세요. 무엇을 드릴까요?

지아  라면하고 콜라 있어요?

점원  네, 있어요.

지아  라면 두 개하고 콜라 한 개 주세요.

점원  여기 있어요.

지아  얼마예요?

점원  사천이백 원이에요.

## 이제 해 봐요

남  어서 오세요. 무엇을 드릴까요?

여  빵 있어요?

남  네, 있어요.

여  주스도 있어요?

남  네, 있어요.

여  빵 하나하고 주스 두 개 주세요.

남  네, 모두 삼천구백 원이에요.

## 발음

### 2 과  연음 1

1) 직업이 무엇이에요?
   저는 회사원이에요.

2) 무엇을 해요?
   음악을 들어요.

1) 독일 사람이에요.

2) 선생님이 가요.

3) 빵을 먹어요.

4) 공책을 줘요.

5) 이름이 무엇이에요?

6) 저는 이종국이에요.

### 3 과  연음 2

1) 한국 친구가 있어요?
   아니요, 없어요.

2) 무엇을 해요?
   책을 읽어요.

1) 지우개가 없어요.

2) 텔레비전이 재미없어요.

3) 책을 읽으세요.

4) 여기 앉으세요.

5) 달이 밝아요.

6) 교실이 넓어요.

# 어휘 찾아보기 (단원별)

## 1과

### • 나라
한국, 중국, 일본, 미국, 영국, 독일, 프랑스, 호주, 러시아, 태국, 베트남, 인도, 몽골, 사우디아라비아, 이집트, 브라질, 칠레

### • 직업
학생, 선생님, 회사원, 의사, 운동선수, 가수

### • 새 단어
친구

## 2과

### • 동작
가요, 와요, 먹어요, 마셔요, 봐요, 만나요, 사요, 자요, 놀아요, 쉬어요, 읽어요, 들어요, 이야기해요/말해요, 써요, 공부해요, 일해요, 전화해요, 운동해요, 줘요

### • 물건
책, 공책, 볼펜, 가방, 물, 우유, 커피, 빵, 과자, 텔레비전, 휴대폰/핸드폰, 옷, 우산

### • 새 단어
영화, 음악, 오늘, 살다

## 3과

### • 상태
크다, 작다, 많다, 적다, 재미있다, 재미없다, 맛있다, 맛없다, 좋다, 나쁘다, 싸다, 비싸다, 쉽다, 어렵다, 예쁘다, 멋있다, 바쁘다, 아프다, 있다, 없다

### • 학교
교실, 사무실, 화장실, 칠판, 책상, 의자, 컴퓨터, 시계, 연필, 지우개, 필통, 안경, 지갑, 돈, 선생님, 학생, 친구

### • 새 단어
정말, 우리, 지금

## 4과

### • 장소
집, 학교, 도서관, 회사, 식당, 카페, 가게, 편의점, 시장, 백화점, 우체국, 은행, 병원, 약국, 영화관, 공원, 공항

### • 새 단어
게임을 하다, 밥, 방, 알다, 좋아하다, 쇼핑하다

## 5과

### • 가게 물건
물, 우유, 콜라, 주스, 커피, 빵, 라면, 김밥, 과자, 사탕, 초콜릿, 아이스크림, 치약, 칫솔, 비누, 샴푸, 휴지

### • 고유어 수
하나, 둘, 셋, 넷, 다섯, 여섯, 일곱, 여덟, 아홉, 열
한 개, 두 개, 세 개, 네 개, 다섯 개, 여섯 개, 일곱 개, 여덟 개, 아홉 개, 열 개

### • 한자어 수
일, 이, 삼, 사, 오, 육, 칠, 팔, 구, 십, 십일, 십이, 십삼, 십사, 십오, 십육, 십칠, 십팔, 십구, 이십, 삼십, 사십, 오십, 육십, 칠십, 팔십, 구십, 백, 이백, 삼백… 칠백, 팔백, 구백, 천, 이천… 팔천, 구천, 만, 이만, 삼만… 팔만, 구만, 십만, 백만

### • 새 단어
많이, 조금, 달걀/계란

# 어휘 찾아보기 (가나다순)

# 문법 찾아보기

## 1과

저는 [명사]이에요/예요 ▼ 🔍

● 자신이 어떤 사람인지 말할 때 사용한다.
做自我介绍时使用。

| 명사 | 받침 ○ | 이에요 | 김지석이에요 |
|------|--------|--------|-------------|
|      | 받침 × | 예요   | 이수지예요   |

가 어느 나라 사람이에요?
나 인도 사람이에요.

## 2과

을/를 ▼ 🔍

● 문장의 목적어임을 나타낸다.
表示句子的宾语。

| 명사 | 받침 ○ | 을 | 휴대폰을 |
|------|--------|----|---------|
|      | 받침 × | 를 | 커피를   |

가 무엇을 봐요?
나 티브이를 봐요.

-아요/어요/여요 ▼ 🔍

● '-아요/어요/여요'는 문장을 끝맺는 기능을 한다.
'-아요/어요/여요' 起到终结句子的作用。

| 동사 형용사 | ㅏ, ㅗ ○ | -아요 | 오다 → 와요 |
|-------------|----------|-------|------------|
|             | ㅏ, ㅗ × | -어요 | 쉬다 → 쉬어요 |
|             | 하다      | -여요 | 일하다 → 일해요 |

● 일상적이고 비격식적인 상황에서 사용한다.
用于日常非正式的场合。

가 오늘 무엇을 해요?
나 카밀라 씨를 만나요.

## 3과

이/가 ▼ 🔍

● 문장의 주어임을 나타낸다.
表示句子的主语。

| 명사 | 받침 ○ | 이 | 지갑이 |
|------|--------|----|--------|
|      | 받침 × | 가 | 시계가  |

가 웨이 씨가 멋있어요?
나 네, 멋있어요.

한국어의 문장 구조 ▼ 🔍

● 한국어는 명사 뒤에 붙는 '이/가', '을/를'과 같은 조사와 동사, 형용사 뒤에 붙는 '-아요/어요/여요'와 같은 어미가 문장을 형성하는 기능을 한다.
韩国语中，名词后加 '이/가' 或 '을/를' 等助词，动词或形容词后加 '아요/어요/여요' 等词尾起到形成句子的功能。

- 한국어의 문장은 주어가 문장의 앞에, 서술어가 문장의 끝에 오는 주어-목적어-서술어의 순서로 구성된다.
  韩国语的句子是主语在句首，谓语在句尾，按照主语-宾语-谓语的顺序而构成。

  ① **명사+이/가**　　**형용사**
  　　　주어　　　　　　서술어

  가방이 작아요.
  친구가 많아요.

  ② **명사+이/가**　　**(자)동사**
  　　　주어　　　　　　서술어

  다니엘 씨가 자요.
  선생님이 쉬어요.

  ③ **명사+이/가**　　**명사+을/를**　　**(타)동사**
  　　　주어　　　　　　목적어　　　　　서술어

  다니엘 씨가 친구를 만나요.
  선생님이 책을 읽어요.

  가 화장실이 어때요?
  나 화장실이 좋아요.

  가 나쓰미 씨가 무엇을 사요?
  나 우산을 사요.

- '이/가'는 주격을 나타내는 조사이고, '을/를'은 목적격을 나타내는 조사이다.
  '이/가'是表示主格的助词，'을/를'是表示宾格的助词。

---

한국어의 주격 조사　　▼ 🔍

- 한국어의 주어 자리에는 '이/가' 또는 '은/는'이 온다.
  韩语中主语的后面通常会接'이/가'或'은/는'。

- **이/가**

  ① '이/가'는 일반적인 평서문에서 사용한다.
  '이/가'用于一般陈述句。

  커피가 맛있어요.
  카밀라 씨가 물을 마셔요.

② '이/가'는 '어디', '무엇', '언제' 등의 의문사가 초점일 때 사용한다.
'이/가'用于'哪里'、'什么'、'何时'等疑问词是焦点的时候。

  가 어디가 하준 씨 집이에요?
  나 저기가 하준 씨 집이에요.

  가 누가 지아 씨예요?
  나 제가 지아예요.

- **은/는**

  ① '은/는'은 상대방에 대해 물을 때나 자신에 대해 이야기할 때 사용한다.
  '은/는'在询问对方或谈论自己时使用。

  지아 웨이 씨는 오늘 무엇을 해요?
  웨이 저는 오늘 친구를 만나요.

  ② '은/는'은 서술어가 '명사+이다'인 문장에서 사용한다.
  '은/는'用于谓语是'名词+이다'的句子中。

  선생님은 한국 사람이에요.

  ③ 이야기의 주제나 화제가 되는 대상은 '은/는'을 사용한다.
  成为谈论主题或话题的对象应使用'은/는'。

  지아 지금 한국에 살아요? 한국 생활은 어때요?
  웨이 한국 생활은 조금 힘들어요. 그렇지만 재미있어요.

  ④ 주어를 처음 이야기할 때는 '이/가'를 사용하지만 다시 이야기할 때는 '은/는'을 사용한다
  第一次谈论主语时虽然会使用'이/가'，但再次谈论时应使用'은/는'。

  다니엘 씨가 와요. 다니엘 씨는 독일 사람이에요.

  ⑤ 앞의 내용과 뒤의 내용이 대비될 때는 '은/는'을 사용한다.
  当前面和后面的内容形成对比时应使用'은/는'。

  김치찌개는 매워요. 된장찌개는 안 매워요.

* ③~⑤의 '은/는'의 쓰임은 한국어 초급 후반 이후에 확인할 수 있다.
  ③~⑤中'은/는'的用法可在韩语初级后期之后确认。

## 에 가다 ▼ 🔍

- 장소를 나타내는 명사에 붙어 목적지로의 이동을 나타낸다.
  用于表示场所的名词之后，表示去往目的地。

| 명사 | 받침 ○ | 에 가다 | 편의점에 가요 |
|---|---|---|---|
| | 받침 × | | 회사에 가요 |

- '가다'의 자리에는 '오다', '다니다'도 사용할 수 있다.
  '가다' 也可替换成 '오다'、'다니다' 来使用。

- 일상 대화에서는 '에'가 생략되기도 한다.
  在日常对话中，也常省略 '에' 来使用。

  가 어디 가요?
  나 학교에 가요.

## 에서 ▼ 🔍

- 장소를 나타내는 명사에 붙어 어떤 행위가 일어나는 곳임을 나타낸다.
  用于表示场所的名词之后，表示某种行为发生的场所。

| 명사 | 받침 ○ | 에서 | 영화관에서 |
|---|---|---|---|
| | 받침 × | | 가게에서 |

  가 어디에서 운동을 해요?
  나 공원에서 운동을 해요.

## 지시 표현[이, 그, 저] ▼ 🔍

- '이 책, 그 사람, 저 식당'과 같이 '이, 그, 저 + 명사'의 형태로 쓰여 사물이나 사람, 장소를 지시한다.
  '이 책, 그 사람, 저 식당(这本书，那个人，那家餐厅)' 等以 '이, 그, 저(这，那，那) + 名词' 形式出现，指示事物，人 或场所。

- '이'는 화자에게 가까운 경우, '그'는 청자에게 가까운 경우, '저'는 화자와 청자에게서 모두 먼 경우에 사용한다.
  '이(这、这个)' 用于距离话者较近的情况，'그(那、那个)' 用于距离听者较近的情况，'저(那、那个)' 用于距离话者与听者都较远的情况。

  가 그 과자 어때요?
  나 이 과자 정말 맛있어요.

- 물건은 '이것', '그것', '저것'으로, 장소는 '이곳', '그곳', '저곳', 또는 '여기', '거기', '저기'로 이야기한다.
  物品可以用 '이것'、'그것'、'저것'，场所可以用 '이곳'、'그곳'、'저곳' 或 '여기'、'거기'、'저기' 来表达。

- 앞에서 이야기한 것을 다시 이야기할 때는 '그것', '그곳', '거기', '그 사람'으로 말한다.
  再次说起前面提到过的事物时使用 '그것(那个东西)'、'그곳(那个地方)'、'거기(那里)'、'그 사람(那个人)' 来表达。

  가 오늘 무엇을 해요?
  나 시장에 가요.
  가 거기에서 무엇을 사요?
  나 옷을 사요.

## 이/가 있다/없다 ▼ 🔍

- 어떤 사물이나 사람, 일의 유무를 나타낸다.
  表示某种事物或人，事情的有无。

| 명사 | 이/가 있다/없다 |
|---|---|

  가 휴지가 있어요?
  나 아니요, 없어요.

**고려대
한국어**
**1A**
中文版

| | |
|---|---|
| **초판 발행** | 2019년 8월 12일 |
| **2판 발행 1쇄** | 2021년 5월 20일 |
| **지은이** | 고려대학교 한국어센터 |
| **펴낸곳** | 고려대학교출판문화원 |
| | www.kupress.com |
| | kupress@korea.ac.kr |
| | 02841 서울특별시 성북구 안암로 145 |
| | Tel 02-3290-4230, 4232 |
| | Fax 02-923-6311 |
| **유통** | 한글파크 |
| | www.sisabooks.com / hangeul |
| | book_korean@sisadream.com |
| | 03017 서울시 종로구 자하문로 300 시사빌딩 |
| | Tel 1588-1582 |
| | Fax 0502-989-9592 |
| **일러스트** | 최주석, 황주리 |
| **편집디자인** | 한글파크 |
| **찍은곳** | 주식회사 레인보우 피앤피 |
| **ISBN** | 979-11-90205-00-9 (세트) |
| | 979-11-90205-73-3 04710 |

값 17,000원